機動破壊の秘策

健大高崎
実戦で使える走攻守
96の究極プレー

田尻賢誉

はじめに

観ている人、全員が評論家。

スタンドにいる人も、テレビの前にいる人も同じように評論できる。それが、野球の楽しさだ。評論家といっても、技術について論じるのはごく一部の人だけ。ほとんどの人たちが話題にするのは、監督の采配、作戦だ。

「次は送りバントだろう」

「いや、エンドランだ」

「ここはスクイズだろう」

「いや、打たせるな」

評論家たちは、そうやって次のプレーを予想しながら観戦する。この予想する時間、考える間があるのが野球の面白さであり、長年人気を維持してきた理由だろう。

ところが、近年の野球は評論家泣かせのゲームになっている。打撃技術の向上やメジャーリーグの影響などもあり、送りバントが減った。高校野球の定番だったスクイズも減った。今や投手対打者の個対個の勝負が最大の見せ場になっている。

野球において、攻撃側が仕掛ける作戦は主に送りバント、盗塁、エンドラン、スクイズ（セーフティースクイズも含む）ぐらいしかない。そのうちの半分が減ってしまっては、駆け引きもなくなってくる。予想のしがいがなく、評論家たちも開店休業状態だ。

常総学院の木内幸男元監督がなぜ〝木内マジック〟といわれたのか。それは、観ている人たちの予想を裏切る作戦を見事に成功させたからだ。そして、評論家たちは自分たちの予想が外れたことを「そう来たか。やられた。さすがだ」と楽しんでいた。

「いつ予想外の作戦が来るのか」

「いつ意表を突く作戦が出るのか」

これが観たくてワクワクしているのが評論家なのだ。彼らを楽しませるには、セオリーから外れた作戦、非常識な作戦しかない。

もはやそれを実行できる人はいない——と思うかもしれない。

ところが、いるのだ。

その人とは、健大高崎で外部スタッフとして、アドバイザーを務める葛原美峰《くずはらよしたか》氏。

実は、本書が生まれたのは、葛原スーパーバイザー（以下、葛原ＳＶ）がかつて愛知・杜若で監督を務めていたときに実行したという作戦を聞いた担当編集者が、あまりに常識外すぎる考えに驚愕したのがきっかけだった。

その作戦とは、２点リードしている９回２死満塁、カウント３－２の場面でのピッチドアウトだ。葛原SVが率いるチームが守備側。ピッチドアウトをすれば四球で押し出しになる。あと1ストライクを取れば試合は終わる状況で、なぜ、わざわざ1点を与えるようなことをするのか。

すぐに理解するのは不可能。初めて聞いた人はわけがわからないだろう。

詳しい説明は本文を参照してもらうとして、理由を考えてみてほしい。本来は、この考えるという行為が楽しいのだ。野球はただ技術と技術がぶつかりあうわけではない。人対人がやる心理戦でもある。相手の心理を読み、心のスキを突く。そこに弱者が強者に勝つ要素がある。葛原SVは愛知・杜若の監督として中京大中京、東邦、愛工大名電、享栄の私学四強に挑み続けてきた。素材では劣っても、いかにして勝ちをもぎ取るか。そのために頭を絞り続けてきた。

考えて、試す。

失敗して、工夫する。

この繰り返しがセオリーにはない、新たな発想を生み出したのだ。

2010年8月に健大高崎のアドバイザーに就任して以来、葛原SVは02年4月に創部したばかりで甲子園出場経験のなかったチームの強化に全力を注いできた。週末ごとに自宅のある三重・四日市から群馬・高崎へと車を飛ばし、寮に泊まり込んで指導する。相手チームの研究や分析をして、ゲームプランを立てる。自チームの分析にはセイバーメトリクスを駆使。健大高崎が投手の特長を活かした継投策を武器にしているのは、葛原SVの指南があるからだ（葛原SVの継投策については、拙著『弱者の発想』日刊スポーツ出版社刊を参照）。

健大高崎に欠かせない〝機動破壊〟のキャッチフレーズは葛原SVが考案したもの。文字通りの機動力野球で、12年春の甲子園は勝利した3試合で16盗塁を記録してベスト4、14年夏の甲子園では4試合26盗塁を記録してベスト8に進出したが、これは言葉の力を利用した葛原SVのイメージ戦略の成果でもある。

葛原SVは17年3月いっぱいで長年勤務した杜若を定年退職。人生の節目を迎えたのを機に門外不出といってもいいアイデア、作戦の数々を披露してくれた。4月からは健大高崎の寮監として毎日指導にあたるため、明かさないほうがいいのではという内容も含まれているが、それでも隠さないのは自分たちだけが勝てばいいとは思っていないからだ。

本書には、失われつつある野球の面白さが詰まっている。スタンドやテレビの前にいる評論家たちをワクワクさせる材料が詰まっている。

「あの作戦、そろそろ来るんじゃない？」

「いや、とっておきだからまだ使わないだろう」

スタンドでそんな会話が、お互いのベンチで駆け引きが生まれる日が待ち遠しい。

そして、最後に――。

本書で紹介した作戦をそのまま実行するだけでなく、よりよい作戦にするにはどうすればいいか、アレンジして新しい作戦に発展させるにはどうしたらいいかを考えてみてください。書かれていることをマネするのではなく土台にして、さらに上のことを考えるような人が出てきたときに、この本を出す意味が出てくるはずです。

自分で考え、自分で工夫し、自分で気づく。間のスポーツだからこそ味わえる、野球の面白さ。相手の心理や行動を読んだ作戦で、〝思考破壊〟する醍醐味をぜひ体験してください。

田尻賢誉

葛原美峰氏（健大高崎スーパーバイザー）

機動破壊の秘策

目次

第1章 走

ホームスチール

ディレードスチール

頭脳的走塁

定石破壊

第2章

攻

エンドラン

スクイズ

タッチアップ

波状攻撃

第3章

守

ピックオフ

フォーメーション

オーバーラン刺殺

背水の陣

第4章

考

守備隊形・基本編

守備隊形・応用編

守備隊形・特殊編

第5章

戦

配球

投法

実戦的練習

第1章

走

ホームスチール

◉1死で右投手からのホームスチール

状況　1死三塁　一、三塁　二、三塁　満塁
条件　右投手、右打者

三塁走者は、投手がセットポジションに入る前に、投手の気を引くために大きなリードを取る。投手が三塁走者を目で殺して（殺したつもりになって）投球モーションを起こすと同時にスタートする。

「ピッチャーがセットしたときに三塁ランナーがダーッと出て、『ヘイヘイ、ピッチャー、ピッチャー』とかやりますよね。ピッチャーはそのランナーを目で殺して、ランナーが止まったのを見て、『やっぱりピッチャーへのフェイクだ、脅しだ』と安心してホームに投げる。それがもう、セオリー化というか、ワンパターン化、形骸化しているわけです。だから、ランナーが止まって『よし、止まった』とバッターに投げるために目

を切った瞬間にいきなり走り出すんです（葛原ＳＶ）※以下、基本的にカギカッコ内は葛原ＳＶの言葉」

そのために、〝準備動作〟が必要だ。「あくまでもこれはフェイクですよ」「形骸化された動きですよ」というムードを醸し出すために、一度か二度、大きく飛び出して止まる動きを見せておく。出ては止まる動作を見せておくことで、投手に「どうせ走んねーんだろ」と油断させることが重要だ。相手に動きを見せる必要があるため、左投手のときよりも右投手のときのほうがいい。見えているがゆえに、逆に安心するからだ。

「どれだけ見え見えで、『フェイクだぞ』というふうにやるかがポイント。警戒されて、けん制球が来るようではダメなんです」

周りから田舎野球といわれようが、中学野球と揶揄されようが構わない。逆にいえば、それぐらいあからさまにフェイクと思われるようでなければいけないともいえる。

「フェイク、フェイク、スタート（フェイクを二度してスタート）が多いですね。もちろん、必ずしも2球投げさせる必要はありません。タイミングが合えば、1球で走ってもいいんです。2回フェイクした場合に気をつけなきゃいけないのは、3回目にけん制してくることもある。そのときはもう、コーチャーなど周りから口で言わせます。『けん制入るぞ』って。そのへんは心理ですよね」

走り出した走者は、打者の股の間を狙ってスライディングする。

「バッターはクローズドスタンスで構えます。クローズドで構えていたら、ホームスチールが来るとわかっているという意志表示にもなるわけです。ランナーは狭いスタンスの間からすべり込む。すべってきたら、バッターは足をあける、広げるんです。足の間から入るので、バッターの中にはランナーのヘルメットのツバで〝カンチョー〟されたって飛び上がった者もいますよ（笑）」

もちろん、打者がクローズドスタンスにすれば、相手に気づかれる可能性もある。

「そもそも、そういうことに気づくような相手、雰囲気ではホームスチールは無理だと思います。ホームスチールというのはエアポケットを狙うわけですから。あくまで、相手が無警戒だからこそ出すもの。警戒されたらやるべきものではないと思います」

警戒されたらできないのでは、強豪相手には決まらないと思う人も多いだろう。だが、意外とそうでもない。

「意外といいチームがかかりますよ。しっかり刷り込みがされていますからね。三塁ランナーが出たら、目で殺して、それから投球するとか。形だけになっているところがありますから、名門はエアポケットがあるんです」

このホームスチールは葛原SVが杜若で監督をしていたときからの十八番。健大高崎でも、群馬大会で何度も成功している（写真A）だけでなく、熊本での招待試合では東海大熊本星翔戦でも決めている（写真B）。これまで一度も失敗したことはない。

ただやるのではなく、相手の雰囲気を察し、心理を読んでやる。こうすれば、失敗しないのだ。

もうひとつ、この作戦にはポイントがある。2死ではなく、1死でホームスチールを敢行するということだ。通常、ホームスチールはダメ元で2死で仕掛けることが多い。

2015年7月、群馬大会2回戦の渋川青翠戦での本盗。このケースは2死二、三塁だったが見事に成功した。

2015年5月、熊本で行われた招待試合の東海大熊本星翔戦では、1死三塁から股下本盗を決めた。

打者に打力がなく、安打が期待できないときなど、一か八かでかけるのが大半だ。

「ホームスチールは2アウトでやるという暗黙の了解みたいなものがありますよね。それも先入観で、私からすれば2アウトからじゃなくたってやれるという思いがあるんですよ。1アウトだからこそ、相手はスクイズだけを警戒する。スクイズじゃないとわかった途端に安心するんです。スクイズを警戒して外すときも、右バッターですから、絶対にタッチから一番遠いところに外すんです」

右打者に対してピッチドアウトする場合、捕手は外角側に立って外すことがほとんどだ。そうなれば、ホームスチールを敢行した走者にタッチするのは時間がかかる。1死でスクイズの動きと連動させれば、ホームスチールは成功しやすくなるともいえる。

「外されたらそのままホームスチールができるわけです。もし外されなかったら、ストライクゾーン近辺の球は普通にスクイズすればいい。外してくれればアウトカウントが増えずに点が取れる。外されても点を取れるんですから、スクイズで外されるのが怖くなくなると思います」

もちろん、外してこない場合でも、明らかにホームスチールが成功するタイミングであれば打者は見送る。外されても、外されなくても確実に1点を奪う。究極のホームスチールなのだ。

◉敬遠時の4球目にホームスチール

状況　走者二、三塁
条件　左投手、右打者、捕手を立たせての敬遠

走者二、三塁で次打者が打力のない選手の場合、打者が強打者でなくても相手が敬遠策をとることがある。そのときに、どうやって点を取るか。以下の条件がそろっていれば、こんな手がある。条件は①左投手②右打者③捕手を立たせての敬遠の3つだ。

「右バッターへの敬遠というのは、ホームに突入する三塁ランナーに対してタッチが逆になるアウトコースに外しますからね」

走者二、三塁の場合、左投手の多くは二塁走者だけを見てモーションを起こす。それを利用して、二塁走者は大きなリードを取るなど投手に揺さぶりをかけ、注意を引かせる。このとき、三塁走者がやることはひとつ。モーションに合わせ、本塁突入のタイミングを計っておくことだ。

「相手はとりあえず満塁にしたい。敬遠するということがわかっているわけです。しかも、100パーセント大きく外す。これを4球やることがわかっているわけですから、三塁ランナーは3球のうちに一生懸命タイミングを計る。そして、4球目にやるんです。

どうせやるんなら、4球目にやらないと損。3球目まではバッターが出塁できませんが、4球目にやればフォアボールで無条件にバッターも一塁に行けますしね」

ホームスチール成功で1点だが、これで終わらせないのが葛原流。

打者走者が一塁手前で急加速して二塁を狙い、二塁送球と同時に三塁に到達していた二塁走者が本塁へ突入する。「とりあえず満塁にしてから考えよう」という相手から、これで一気に2点を奪うのだ。

もちろん、自分たちが守備側の場合は三塁ランナーを注視する。

「キャッチャーはとにかくピッチャーに返す前に三塁ランナーをじろっと見てから放る。これはもう絶対ですね。たまにこれをやらないキャッチャーがいるんです。今は捕ったらすぐにピッチャーに返すというのが主流になっていて、見ないキャッチャーが多いんです。キャッチャーをやっていた私からすれば染みついているものなんですけどね」

最近は三塁に走者がいても平気で座ったまま投手に返球する捕手も多い。面倒くさいことをさぼらずにできる捕手でないと、相手にスキを突かれることになる。逆にいえば、健大高崎はそれを逃さないのだ。

◉左投手から、一塁走者との連携によるホームスチール

状況　2死一、三塁
条件　左投手

2死一、三塁で一塁走者がおとりになってのホームスチール。ありがちなために相手の警戒も強く、成功させるのは難しい。そこで〝ひと手間〟を加えることで成功させるのが葛原流だ。

「昔は一塁ランナーが転んだんですが、今はそれがダメなので変えました。ポイントはフライングスタートを匂わせることです。走る距離は3歩ぐらい。あたかも『飛び出しちゃった』という雰囲気を出して急ストップする。なぜ3歩かというと、それぐらいだとピッチャーがすぐ投げてくるからです。すぐ投げれば殺せると思うんですね。3歩以上、出すぎてしまうと時間がありすぎてピッチャーに余裕ができてしまうんです」

飛び出すタイミングも大事だ。投手がセットに入って2秒ぐらいがちょうどいい。

「2秒ぐらいが一番、じらされてスタートした、待ちきれなくて釣り出されたという感じに見えるんです」

投手に余裕があると、プレートを外して一塁へ偽投後、三塁に送球される恐れが出て

くる。投手に考える間を与えないタイミングが2秒なのだ。

投手の一塁けん制を誘うことに成功したら、あとは三塁走者だ。どのタイミングでスタートを切ればよいのか。

「一塁ランナーが3歩走ったときに行かなければダメです。正確にいえば、2歩走ったときぐらいにスタートする。ピッチャーはファーストに絶対に投げるという前提でやらなければ無理。ピッチャーが投げようとしてからでは、もう遅いですね。要するに、一塁ランナーの3歩というのは、三塁ランナーの距離を稼ぐ意味での3歩でもあるということです」

当然のことながら、健大高崎では自分たちが守備側のときの練習もやっている。このプレーが成功するのは、投手に余裕がないとき。三塁走者の存在を忘れて、一塁走者の飛び出しに反応してしまったときだ。

「だから、ブルペンではピッチャーに突然『おい』とか『あっ』と言ったり、名前を呼んだりします。そのときに、プレートを外さないとダメ。何かあったら常に外す。外さなかったら、『あー、外さなかった』ということはくどいぐらいやっています。何かあったら外すというのはクセにならないとダメですから」

ここまでやるかのKY精神。それぐらいやらないと習慣は身につかない。

◉タッチアップで審判にアピール時のホームスチール

状況 無死、1死二、三塁 満塁
条件 三塁走者がタッチアップで生還、二塁走者が三塁に進塁、遊撃手または二塁手が二塁走者のリタッチを審判に確認

無死または1死二、三塁（※満塁でも可能）で外野フライ。三塁走者がホームインし、なおかつ二塁走者が三塁に進塁したときにできるプレーだ。

走者がタッチアップをした場合、守備側は投手からボールをもらいタッチアップが早かったかどうかを審判に確認する。この場合、まずは三塁に送って三塁走者の離塁を確認。このあとが狙い目だ。今度は二塁に送って、セカンドまたはショートが二塁塁審に走者の離塁が早かったかどうかを確認する。このときに三塁に到達していた走者がスタートを切るのだ。

「だいたい三塁からアピールして、次に二塁も『こっち、こっち（ボールをよこせ）』とやるでしょう。そのとき、ホームに背中を向けて、審判のほうを向いて『どうですか？』とやるんです。審判を見ながら、ホームに背中を向けて無防備になる。しかも、『たぶん、セーフって言うんだろうな』と思いながらやっているからダラダラなんです。

まさしく、形骸化ですね」

　野手がアピールしている時間はインプレー。走者はいつでもスタートできる。二塁から本塁ならば距離が遠いため、あわてて送球してストライクが来る確率も低い。三塁到達後に何気なくベースから離れておいて、ボールを受けた野手が背中を向けた瞬間にスタートできる準備を整えておきたい。

「野手はどんなときも走者から目を切ってはダメなんです。そして走者は、行けるといつも思っていないとダメなんです」

　このプレーも葛原ＳＶが杜若監督時代に成功している。

ディレードスチール

◉右打者のときのディレードスチール

状況　走者一塁
条件　右打者

その1 スリーシャッフルディレード

通常のディレードスチールはシャッフル、シャッフル、ゴーで走るツーシャッフルのパターンだ。ところが、健大高崎の場合は相手に常に警戒されているため、ディレードステップと呼ぶ大きなシャッフルをした時点で相手に察知されてしまう。そこで採用したのが、シャッフルを3回やるスリーシャッフルでのディレードスチールだ。

「ツーシャッフルで行くとすぐばれるんです。ところが、スリーシャッフルで距離を稼ぐと、今度はキャッチャーが大きくリードした一塁ランナーを刺そうという動きになるんです」

スリーシャッフルをすると、明らかに通常の第二リードよりも距離が出ている。そのため、捕手は「しめた！」と思って一塁に送球しようとする。スタートするのは、そのときだ。

「『あのランナー出すぎてるぞ』と一塁を向いた瞬間に二塁に行くんです。そうすると、一塁に偽投してから二塁に投げるような形になるんですよ」

余分な動作が入るため、二塁への送球は遅れる。「しまった」という気持ちもあるため、送球がぶれる可能性も高くなる。

「スリーシャッフルというのは、体操するように『1、2、3』と行かなきゃダメなんです。ディレードステップというのは特別ですから、ポーンと大きく跳ぶと『これはディレードだ』と、目ざといところには1歩目で見抜かれますから」

その❷ フォーシャッフルディレード

では、スリーシャッフルを見破られたらどうするのか。

今度はフォーシャッフルを使う。

「大きく3つ跳ぶ代わりに、ゴキブリのように小さく4つ行って、同じ距離を稼ぐんです。小さく4つだから、〝セカセカ、セカセカ〟と言っているんですけど。セカセカ、セカセカと4つやっていくと、スリーシャッフルで稼ぐ距離が自然に取れる。ツーシャッフルとスリーシャッフルをアレンジしたような形に見える効果を生むんです」

ツーシャッフルでうまくいかなければスリーシャッフル。スリーシャッフルを見破られれば今度はフォーシャッフル。相手に対策されれば、さらに考えてその上を行く。これぞ健大高崎の真骨頂だ。

※ディレードスチールの詳しい説明は『機動破壊』P155~164を参照

◉最新のスチール、ギャロップディレード

ギャロップとは馬術で馬が1歩ごとに足4本全部を地上から離して走るもっとも速い走法のこと。このイメージでバタバタとステップをしてディレードスチールをする(写真C)。

「選手たちは〝ちょこちょこディレード〟と言っていますけどね。ちょこちょこ偽走だと見せておいて、『やってる、やってる』と思わせてスタートする。これを見た人はみんな『本当に行くと思わなかった』と言いますね」

ポイントはスタートを切る前に偽走を見せておくこと。見せておくことで相手に「あれは揺さぶりだ」と思わせる。これが伏線になるのだ。

バタバタとステップして走る、最新のギャロップディレードスチール。成功確率は非常に高い。

「釣りと一緒ですよ。コマセをどれだけ打つか。これは今一番新しいディレードスチールだと思います。成功する確率は面白いように高いですね」

◉ディレードスチールエンドラン

足が遅い選手が走者の場合、監督はエンドランのサインを出すのを躊躇することがある。なぜなら、空振りしたときにほぼ100パーセント走者がアウトになってしまうからだ。そこで、葛原SVが考えたのがディレードスチールでのエンドランだ。

「盗塁成功率の低いランナーだとエンドランで空振りしたら絶対アウトですよね。ところが、ディレードスチールにすることによって、相手にもベースカバーの遅れとかいろいろな問題が出てきます。それによって盗塁が得意じゃない選手でも、通常のエンドランに比べればセーフになる可能性が高くなるんです。空振りしたときに、通常のエンドランだったらアウトだったんだけど、ディレードにしていたおかげで助かったというのは二度や三度じゃないですよ。やってみると意外とおいしいなというのが感想ですね」

もちろん、ノーマルなエンドランができるのであればやる必要はない。だが、作戦を立てるときは必ず最悪も考えておくもの。空振りしたときにみすみすアウトになるのであれば、数パーセントでもセーフになる確率を残したい。

「これで成功したいという意図の作戦ではありません。純粋に走らせられない選手の場合、失敗したときのリスクはこちらのほうが低いという考えです」

決して積極的な考えから生まれたものではないが、やってみてわかった効果もある。ひとつは、相手からはこちらがどんな作戦を仕掛けたのかわからないこと。通常、ディレードスチールでは打者は打たないため、サインミスのように映ることもある。もうひとつは、完全なボール球は見逃せばボールになること。打者はすべての球を打たなくてもいいということだ。

「普通のエンドランだと、どんな球でも打たないとダメですよね。でも、ディレードエンドランだと完全なボール球、クソボールは打たなくていいんです。どうしようもないクソボールの場合、単独のディレードスチールで行けることもあります。普通のエンドランだったらまずアウトですよね」

ヒットエンドランは決まれば気持ちいいが、決まらない確率のほうが圧倒的に高い。失敗したときのことを考えてのリスク管理がディレードエンドランなのだ。

◉偽走ディレードスチール

一塁走者の偽走スタートを得意とする健大高崎。当然のことながら、それにはバリエーションがある。それが、ディレードスチールに見せかける偽走だ。

「ウチではディレードステップと言います。わざとピョーン、ピョーンとやって、相手に『ディレード来た』『逃げた』と言わせる。これは実際にやるための伏線、エサまきです」

実際にディレードスチールをする場合は、シャッフル二度でスタートだが、偽走ディレードスチールの場合はシャッフルを三度する。特に群馬県内では健大高崎が偽走スタートをするのが当たり前になっているため、警戒が強い。そこで、別バージョンの偽走として使っている。やらないと見せかけて、やる。やると見せかけて、やらない。これが相手の心理を揺さぶることにつながる。

頭脳的走塁

◉2死三塁の四球で、打者走者との連携で三塁走者がホームイン

状況　2死三塁
条件　打者が四球

2死三塁で打者がフォアボールを選んだときの作戦。打者走者は一塁ベース手前までは普通に行って、ベース直前で急加速。一気に二塁を狙う。守備側は全員が打者走者は一塁で止まると思っているため、驚いて二塁へ送球する。その瞬間に三塁走者がホームを狙うというプレーだ。

「バッターランナーが一塁に到達するまではタイムがかけられないというルールがあります。だから主審は、キャッチャーが『タイム』と言ってもタイムを認めず待たせます。プロ野球は別ですけどね」

杜若監督時代は何度もこの作戦を敢行した。

［**実例❶　杜若対愛工大名電戦**］

1989年春の愛知県大会の杜若対愛工大名電戦。0対0で迎えた7回2死三塁。打者へのカウントが3－1となったところで葛原監督は〝作戦実行〟を指示した。次の球でフォアボールを選んだ打者走者は一塁ベースの手前から急加速。二塁を目指して走る。捕手が二塁に送球したのを見て、三塁走者がホームに突入。この1点が決勝点となって1対0で金星を挙げた。

打者走者が一塁に到達するまでタイムが取れないルールを応用したプレーもある。走者三塁で四球の場合、多くの捕手は投手のほうへ歩いていき、声をかけながらボールを返す。このときも、打者走者が一塁に達していなければタイムはかからない。インプレー中だ。捕手がマウンドのほうに行くとホームベースがあく。そのスキを突いて三塁走者が本塁へ突入するのだ。

これは、捕手のボーンヘッド。タイムがかかるまでベースをあけてはいけないという基本的なことを忘れている。打者走者が一塁に到達するまではタイムは宣告されない。これを知っていれば、スキを突くプレーができるのだ。

◉1死一、二塁から走者間の連携で二塁走者がホームイン

状況　1死一、二塁
条件　一塁走者飛び出し

これは、葛原SVがはるか昔に読んだメジャーリーグに関する書物がヒントになっている。

「おそらく戦後間もない頃の話だと思うんですけど、メジャーリーグのセオリーで『一、二塁のときにキャッチャーは決して一塁に投げてはいけない』というのがあるんです。そうすると二塁から三塁にたやすく行かれてしまうと。それを読んだときに、意図的にやってみようと思ったんです」

投球と同時に一塁走者が大きく飛び出し、捕手の一塁送球を誘う。捕手が一塁に投げた瞬間、二塁走者が三塁にスタートする。

「これはもう100パーセント成功です。おそらく、ファーストは三塁に投げないぐらいのタイミングでセーフになります」

一塁手は打力優先のポジション。三塁までのスローイングには不安が残る選手が多いため、三塁に送球されたとしても決まりやすいといえる。これだけでも十分だが、これ

で終わらないのが葛原流だ。

「なおかつ一塁ランナーが挟まれます。何とか二塁ベースの方向に挟まれていって、最後は外野側に倒れながらタッチさせます」

この間に三塁に到達していた二塁走者が本塁へスタートする。当然のことながら、挟まれた走者が二塁ベース方向に行くのは、ボールを持った野手から本塁までの距離を遠くするため。外野側に倒れるのはタッチする際に本塁より遠くして、なおかつ低い姿勢にさせて次に送球する体勢を整えさせないためだ。

「一、二塁でのオーバーランバントというのをあとで紹介しますけど、それすらもやらない。走者の連携だけで1点を取るというやり方です」

◉走者一、三塁からヒットエンドラン空振り演出で、三塁走者がホームイン

状況　2死一、三塁

走者一、三塁でのダブルスチールは珍しくない。盗塁した走者が途中で止まったり、わざとけん制で挟まれたり……ありとあらゆる方法がある。当たり前すぎて相手に警戒

されるため、成功する確率は低い。そこで、工夫したのがこのやり方だ。

一塁走者がスタートして打者が空振り。捕手の一塁送球を誘って、その間に三塁走者がホームを突く。

「一、三塁で一塁ランナーが挟まれるのは、もうありすぎて引っかからない。ところが、これがエンドランで空振りとなると、キャッチャーは投げるんです。〝ひと手間〟加えるということ。これは簡単にできます」

エンドランで空振りしたとなれば、捕手は「しめた！」と思うもの。相手にどう「しめた！」と思わせるか。「しめた！」と思わせた瞬間にスキを生み出すことができる。そのためにどうするかを考え、工夫するのだ。

◉エバース改良系の高度な三盗

状況　無死二塁

この戦術の説明に入る前に、まずは用語解説が必要だ。

「今のプロ野球の解説者はエバースとフェイクの区別がついていません。エバースというのは、バントの構えをすることによって三塁手をおびき出し、その間に盗塁するというう作戦。バントの構えからただ引くのはフェイクです。エバースというのは戦法で、フェイクというのは動作。これをごちゃまぜにしている人が多いんです」

エバースというと、バントの構えをして引く動作のことだと思っている人が多いが、実は違うということだ。これを理解したうえで、この作戦を説明したい。

無死二塁は送りバントが多用されるケース。そこで、エバースが有効になる。三塁手がバントの構えに反応しやすいからだ。打者はバントの構えをして空振りする。これによって三塁手を前に出させておいて、二塁走者が盗塁。ここで大事なのは通常の三盗のタイミングではスタートしないということだ。

「ピッチャーが足を上げたと同時にスタートしてはダメなんです。同時にスタートすると、サードが見ていますから。サードは斜に構えて二塁ランナーを見てますから、ワンシャッフルを入れます。ワンシャッフルした瞬間に、サードは『盗塁ではない』と安心する。そこでパッとバッターを見たらバントの構えをするので、2、3歩前に出ます。サードの目と二塁ランナーの目が合っているのはワンシャッフルのときですから、シャッフルが終わったと同時にスタートするんです」

三塁ベースにスライディングする位置も決まっている。タッチから一番遠いレフト側の角だ。相手がタッチしにくいよう、フックスライディングをする。狙い通りの角に足を引っかけることができれば、完全な追いタッチにすることができるからだ。

「だから私はベースの形をいつも気にしていますね。球場に着いたら最初にベースを見に行きますから。ベースには山のように盛り上がっているものと、カチンと角が立っているものがあります。カチンとなっているベースは止まりやすい。山のようになっているベースはツルッと滑って、カニばさみで引っかけた足が引っかからないので、滑ってベースを越えてしまうことがあるんです。ちなみに、甲子園はカチンとした形のものですね」

◉三塁打が確実な当たりで、相手のスキを見逃さない走塁

条件　三塁打確定で三塁到達、中継に入った選手が緩慢な動きをする

右中間、左中間を破った当たりで三塁打が確定の場合。打者走者は三塁手前でスピードを落としたり、三塁ベースについていたり、エルボーガードやフットガードを外していたり、ガッツポーズをしていたりするが、健大高崎ではそんなことは許されない。なぜなら、まだ得点できるチャンスが残っているからだ。

三塁に到達後、シャッフルをしながらオーバーランをして中継に入った野手を確認。ボールを持ったまま歩いたり、二塁へフワッとした返球をしたりした瞬間に本塁に突入

する。三塁ベースから離れていても、シャッフルをしていれば相手は走ったとは思わないため、緩慢な動きをする可能性が高くなる。もちろん、シャッフルは大きめにして距離を稼いでおくことが理想だ。

「人間の習性というのはおかしくて、ボールを持って1歩、2歩でも歩くと、そのあとにいい球を放れないんですよ」

走者一塁でヒットや長打が出て、一塁走者が三塁へ到達したときも同じだ。16年のU－18アジア選手権でも、決勝の日本対台湾の試合で一塁走者の伊藤優平（八戸学院光星）が、鈴木将平（静岡・現西武）の左中間安打で三塁ベース手前で減速したうえボールの確認を怠り、中継プレーが乱れているにもかかわらず、本塁に進めない場面があった。

走者は「三塁まで」と決めつけず、オーバーランシャッフルで最後までチャンスをうかがう姿勢を崩さない。なおかつ、ボールから目を離さないことが大切。逆にいえば、これさえやっておけば、相手が油断したスキを突く走塁ができるのだ。

定石破壊

◉ランダウンプレーでのすり抜け

ランダウンプレーでは、走者はボールを持った野手から逃げるのが当たり前になっている。そこに疑問を持つ人は誰もいないだろう。ただ一人、葛原SVを除いては。

「ラグビーの平尾誠二がヒントになっています。平尾といえば、すり抜けの名人。挟殺プレーって、最後は絞め殺されるじゃないですか。何でいつも逃げるのかと。逃げなきゃいけないのかな、球を持っている選手のほうに走っていってもいいのではないかと思ったんですね。ラグビーはそうですよね。人がいるほうに走っていって、簡単に抜く。だから、球を持っている選手のほうに行って、ラグビーステップを踏んでいったほうがいいんじゃないかと思うんです」

葛原SVが調べた平尾のすり抜けの技術はこうだ。

「100パーセント全力で走っていると、急には横に移動できないんです。だから、すり抜けて走るというのは、全力疾走しないで走るということ。ただ、全力疾走していないことが相手にわかると相手は恐怖心を持ちません。そこで、全力疾走のトリックが必要になります」

そのトリックとは、60パーセントの力で走りながら、相手には全力疾走していると思わせること。では、どうすれば相手にそう思わせることができるのか。

「大きな柱は3つあります。ひとつめは、歩幅を小刻みにすること。歩数が多いと相手には全力疾走に見えます。ふたつめは、自分は右へ左へと動き回らないこと。これは、見た目は派手ですが二流のやることです。一流は、自分はほとんど一直線で走りながら、相手を動かす。これがすり抜けの極意です。3つめは目を使うこと。〝視線術〟です。相手との距離が数メートルに迫ったとき、ちらりと視線を右前方に向ける。それによって『オレはそこへ走るぞ』と思わせ、相手が視線の方向へ動きかけた瞬間にその逆を突くんです」

これを野球で応用する場合、どんな場面で使うのがよいのか。

「私がイメージしているのは、一塁ランナーが左ピッチャーのけん制に誘い出された場合ですね。そのときはまず、一塁ランナーは全力で二塁方向に走り、ファーストに二塁ベースカバーのショートに送球させます。なるべく二塁ベース寄りでプレーをしたいので、ファーストに二塁へ送球してもらわないといけないんです。これが始まり。

次にランナーは一、二塁間の中間で急ブレーキをかけて、ショートと正対して視線を合わせます。そうすると、ショートがランナーのほうへ向かって走ってきます。そこで平尾の極意を使うんです。相手が来ると同時に自分も小刻みな歩幅で走り出し、全力疾走を演出します。ショートとの距離が迫ったときに、視線を右前方、セカンドの定位置側に向けてフェイントをかけ、相手が動いた瞬間にその逆に走ってタッチをすり抜けるんです。なぜ視線は右前方なのかというと、ショートはみんな右利きだから、グローブを左で持っているからです。内側（インフィールド側）に走ればタッチが逆になって、しにくくなるんです」

杜若で監督を務めていた時代には、実際にやったことがあるという。相手をかわすときにスリーフットラインを越えるかどうかがカギになるが、練習する価値はあるだろう。

ラグビー部に入門させ、〝すり抜け専門〟の代走要員がいても面白い。

「どうせ死ぬんですから、ダメ元です。逃げて殺されるぐらいだったら、一縷の望みで向かっていってすり抜けたほうがいい。絞められて死ぬのは嫌ですからね（笑）」

できる、できないではない。もしかしたら、できるのではないかと考えていくことが豊かな発想を生み出すことにつながる。

◉三塁コーチャーの偽装ストップ

三塁コーチャーというと、オーバーアクションでストップ、ゴーの指示を出すのが常識だ。これをおかしいと思う人はいない。

だが、走者に対し、あれだけの大きなジェスチャーで指示をするということは、相手にも伝わるということ。走者が走るのか、止まるのかを敵に教えているともいえる（写真D）。

「とにかくストップと回れを大きなジェスチャーでやるでしょう。しかも、どのチームも統一されている。これが不思議で仕方なかったんです。何で相

三塁コーチャーは、オーバーアクションで指示を出すのが普通だが、葛原SVは以前から疑問を感じていたという。

手に教えるのかなと。大きく回していたら、外野も準備するじゃないですか」

そこで健大高崎では、コーチャーのジェスチャーを変更した。一見、全部止めているように見える動きで、味方にだけ伝わるようになっている。

「左右の手を上下に動かしていると『今、チャンスが来てるよ』という合図。両手を広げたストップのジェスチャーから、ひじを曲げたり伸ばしたり2~3回すれば、『そのまま行け』です（写真E）。向こうは全部止めているように見えて、行くんです」

コーチャーはタイミングでゴーかストップを決めることがほとんどだ。シングルヒットなら外野手の捕球が先か、二塁走者が三塁ベースを踏むのが先かで判断する。だが、そのタイミングで指示をしたあと、外野手が捕球し損なうことも多い。そのときに完全に止めてしまっていると、再スタートは難しく、得点できたのにできなかったということになる。そうならないために、「チャンスが来ているよ」と伝える合図もあるのだ。

※その他、三塁コーチャーに関しては『機動破壊』P279~282を参照

▼

健大高崎では、一見止めているような動きで多くの指示を出す。ひじを曲げたり伸ばしたりを繰り返せば、ゴーのサイン。

第2章

攻

エンドラン

◉ヒットエンドランのタブー

なぜ、ここでヒットエンドランをかけるのか。思わず首をかしげたくなるような采配は意外と多い。1死一塁などエンドランをかけやすい状況だからとか、とりあえずエンドランをかけやすいカウントになったからかけてみたというようなのも珍しくない。

ここでは、決してやってはいけないエンドランを紹介する。

タブーその1 鈍足の一塁走者と俊足の左打者

一塁走者が鈍足で、打者が俊足の左打ちの場合は、エンドランをかける必要はない。

「簡単に言うと、まず俊足の左バッターはダブルプレーになりにくいですからね。そのバッターが打席にいて、一塁ランナーが鈍足とします。エンドランで空振りしたら10

0パーセントセカンドでアウトですよね。もちろん、バットに当てられない悪球が来れば万事休すです。ライト前ヒットを打ったとしても、足が遅いのでサードには行けない。そう考えると、意味がないんですよ。『一塁ランナーが足が遅いのでエンドランにした』という理由もよく聞くんですけど、ちょっとわからないですね」

鈍足のため、内野ゴロで二塁セーフになるのは無理。おまけにヒットが出ても一、二塁では、何のためのエンドランなのかわからない。

「鈍足が二塁でアウトになって、俊足の左バッターが一塁で生きて、ランナーが入れ替わったっていいですよね。ベンチとしては、俊足のランナーが残っていたほうがうんとやりやすいんですから」

タブーその❷　1点を争う試合の終盤、無死一、三塁、カウント3－2

葛原SVが「最悪のエンドラン」と言うのがこのケースだ。1点を争っている終盤の無死一、三塁、カウント3－2の場面。ここでのエンドランはリスクが大きすぎる。なぜなら、内野ゴロのダブルプレーでも1点入る状況だからだ。打者にとって、こんなに気楽な場面はない。

ところが、エンドランをかけると状況は一変する。ライナーの場合、一塁走者は戻れないため確実に併殺になる。空振りした場合、三振ゲッツーになる可能性がある。要するに、アウトカウントがふたつ増えて1点も入らないという結果になりかねないのだ。

「ノーアウト一、三塁でどうやったって、放っておいても点は入ると思って見ているのに、2アウト三塁という現実だけが残るわけですよ。これは失望というよりも絶望に近いですよね。だから、ここはエンドランをかけるべきではない。なぜかプロでもやるんですけど」

エンドランをかけなければ、安打はもちろん、内野ゴロ、外野フライでも得点できる。三振しても1死一、三塁は残るため、次打者でセーフティースクイズや内野ゴロの併殺崩れ、ボテボテの内野ゴロなどでも得点できるチャンスは残る。ここでのエンドランはやるメリットが見当たらず、やらないメリットのほうが圧倒的に多いのだ。

「1アウトならわかりますよ。でも、今言っているのは試合終盤で1点を争う場面のノーアウトです。1点取ればいいわけですから」

ヒットエンドランは決まると美しい。監督も気持ちがいい。空振りの少ない打者であれば、最低限、走者を二塁に進めたい場合にも使える。だが、リスクも多くあることを忘れてはいけない。監督になりたてで経験の浅い人ほど多用する傾向がある。

今回紹介したことが、むやみにエンドランをかけることを考えてもらうきっかけになれば幸いだ。

◉走者一、二塁から投手前へのバントエンドラン（オーバーランバント）で得点

状況　1死一、二塁

二人の走者がスタートして打者はバントをする。いわゆるバントエンドランだ。もちろん、二、三塁にするのが目的ではない。1点を取りにいくための作戦だ。

「一、二塁でランナーがスタートして、バッターがバントの構えをすると、相手は瞬時に三塁前に転がして、二塁ランナーをホームインさせるバントだと思うんです。そこで、ピッチャーの正面に転がす。ピッチャー前なら失敗もファウルも一番少ないですからね。こういう作戦でファウルにしたら、一番しらけます。

ピッチャー正面にすると、そこでピッチャーもキャッチャーも『しめた！』と思いますよね。これは二塁ランナーに一気にホームインはされない。バッターは角度を誤ったと判断する。だから、そこで安心感が出るんです。『向こうの思惑は断ち切った。二塁ランナーは三塁で止まる』と思うから、ピッチャーは捕ってからゆっくり一塁へ投げま

すよね。投げたところで、一塁ランナーが二塁ベースを大きくオーバーランする。ここでポイントになるのが一塁コーチャーです。ファーストに聞こえるようにランナーに向かって『バカ、戻れ。出るな！』と言う。それを聞いた相手が『しめた！』とセカンドに投げた瞬間に、三塁に到達していた二塁ランナーがホームに行くんです。これも、以前は一塁ランナーが二塁を回ったところで転ばせていたんですが、トリックプレーと取られるので、今は転ばせていません」

あえて投手前に転がし、失敗バントと思わせる。あわてて二塁をオーバーランしたと見せかける。二度にわたって油断を誘うのがポイントだ。三塁走者がスタートを切るのは一塁手がショートに送球した瞬間。このときに成功のカギを握るのが、三塁ベースからどれだけ離れているか（オーバーランで出ているか）だ。健大高崎では、5メートル、6メートル、7メートルの3地点にカラーコーンを置いて練習している。足の速さによって、ホームインできる場所は異なる。一人ひとりが、自分はどれだけ出ていればセーフになるのかを把握しておかなければ、みすみすアウトになってしまう。

そして、もうひとつ、三塁走者が難しいのは、走る雰囲気を消すことだ。三塁到達後、あからさまに本塁を狙う姿勢を見せていれば、警戒されてしまう。

「いかに無頓着に、どれだけとぼけて距離を稼ぐか。そこが一番難しいところですね。虎視眈々と狙っている雰囲気だとばれちゃいますから」

［**実例❷**　杜若対名古屋学院戦］

1989年夏の愛知大会4回戦。葛原監督率いる杜若と名古屋学院との一戦は延長戦に突入した。2対3と1点ビハインドで迎えた10回裏、葛原監督は〝奥の手〟として用意していたこの作戦を敢行する。1死一、二塁でのバントエンドラン。投球はボール球だったが、打者は投手前に転がした。三塁をあきらめた投手は一塁へ送球。二塁でオーバーランする一塁走者と「飛び出すな！　早く戻れ！」という一塁コーチャーの声に釣られ、一塁手は二塁ベースカバーのショートへ送球。その瞬間に三塁に到達していた二塁走者がホームへ突入した。あわてたショートの送球は高くそれてバックネットへ。三塁走者がヘッドスライディングで同点のホームに飛び込んだ。

◉マッカーシーエンドラン進化形、意図的に詰まらせた打球で得点

状況　1死一、三塁
条件　打者が詰まった打球を打つ

一般的にいうギャンブルスタートのことを健大高崎では〝マッカーシー〟と呼ぶ。そ

の昔、ワールドシリーズを七度制したヤンキースの大監督であるジョー・マッカーシーが「すべて突っ込め」というギャンブルスタートを考えたことに由来している。

ここで示す作戦は1死一、三塁と併殺打がある場面でのヒットエンドラン。打者はわざと詰まった打球を打つ。一塁走者はスタート。三塁走者は半エンドランぐらいのイメージでギャンブルスタート。

「バッターはゴツンと詰まらせる。ヒットエンドランなのでダブルプレーは取れないし、三塁ランナーもスタートを切っているからホームにも投げられない。しょうがないからファーストに投げて1点取るというプレーです。バッターには、『詰まれば詰まるほどいい。ゴツンと打て』と言います」

詰まって打ちたくないのが打者の心理だが、ここではあえて詰まらせて打つ。いい当たりは不必要。むしろ迷惑になる。

「素晴らしい当たりを打つと、ホームでアウトになることもあるし、エンドランでもゲッツーになることもあります。これはもう、スクイズの代わりですから、あわよくばヒットなんて考えはありません。あくまでもスクイズの代わりにこの作戦で点を取るのが狙いです」

どうしても1点を取りたいときの戦術。この場面で何を求められているのか。打者がサインの意図がわからないと決まらない作戦だといえる。

スクイズ

◉走者二、三塁でセオリーとは逆の一塁方向への2ランスクイズ

状況　無死、1死二、三塁
条件　打者は一塁方向へバント

　2ランスクイズといえば、通常は三塁前にやるのがセオリーだ。相手が前進守備を敷いていれば、二塁走者はリードし放題。通常よりも大きく離塁できる。この状況で打者が三塁前にバントを転がし、二塁走者が一気に本塁を狙うのだ。

「この場合は、二塁ランナーの判断でオートマティックに2ランになります。三塁側に転がった場合は、基本的には二塁ランナーは2ランを狙っています。そのうえで、打球が強すぎて早く捕られてしまうとか、角度が浅すぎて無理だと思ったら止まります」

　健大高崎は初出場した11年夏の甲子園の初戦・今治西戦でこの2ランスクイズを決めている。このときはまだ全国に〝機動破壊〟が浸透していなかったが、その後の甲子園

での活躍で機動破壊がキャッチフレーズとして定着。現在は三塁方向のバントでは、相手も警戒してくるため2ランにはなりにくくなった。そこで、一塁側を狙う。ベンチから打者へのサインは、転がす方向も指示が出る。

「ファーストが捕って、ピッチャーへ投げる（またはトスする）。ベースカバーに入るピッチャーは、ランナーに背を向けているうえに走っていますよね。勢いがついているから、ベースを踏んだあとは外野方向へ行く。当然、その体勢のときは、ホームに一番投げにくいんです。だから、三塁側よりも、むしろこちらのバントエンドランのほうが点が取れる。転がりさえすれば簡単に取れます。もちろん、一塁側に転がしにくい球が来たら難しいですよ。特に左バッターは、アウトローへ来た球を一塁側にやるのは難しいですから、できないことも当然あります。ただ、成功する確率は絶対にこちらのほうが高いですね」

一塁側に転がした時点で守備側に「2ランスクイズだ」という考えは消えている。これも固定観念だ。だからこそ、エアポケットができやすい。一塁側のバントで投手が捕った場合も同様。一塁へ投げようとして走者に背中を向けた瞬間に、三塁を回っていた二塁走者は本塁へスタートすればいい。投手、一塁手、どちらが処理したとしても「背中を向けたらゴー」だ。

この考え方を応用したのが15年に四番を打っていた柴引良介。センバツの天理戦でこんな走塁を見せた。

［実例❸　健大高崎対天理戦］

15年センバツの健大高崎対天理戦。1対1で迎えた7回裏、健大高崎は1死二、三塁のチャンスを迎えた。ここで七番・佐藤望の打球は一塁へのゴロ。天理のファースト・坂口漠弥がゴロを捕球し、三塁走者を目でけん制する。一度は止まった柴引だが、坂口が一塁へトスしようとした瞬間に本塁に突っ込み、勝ち越し点を奪った。柴引は坂口が左回りに回転して背中を見せた瞬間にスタート。177センチ、88キロの巨体で50メートルは7秒6と大会に出場していた32校全選手の中でブービー賞の鈍足ながら、好判断で〝機動破壊〟の一員の意地を見せた。

走塁には走者の判断が欠かせない。このような練習を繰り返しすることで、判断の基準ができる。相手を観察する習慣ができる。これが、別のプレーで応用できることにつながるのだ。

◉1死満塁で一塁方向への2ランスクイズ狙いの小フライを"ドカベンルール"で得点

状況　多数応用可能
条件　ルールの熟知

先ほどの一塁側に転がす2ランスクイズの応用編だ。

「1アウト満塁で一塁側に強いバントをするんです。右バッターならプッシュバント、左バッターならドラッグバントですね。もちろん転がれば点が取れるんですけど、これをやると、えてしてセカンドライナーとかファーストライナーになるんです。強くやりすぎて。右バッターでもありますけど、特に左バッターの場合は多いんです。

そうなった場合、守備側は100パーセントとは言いませんが、99パーセントファーストにボールを送ってゲッツーをアピールします。でも、それより先に三塁ランナーがホームインしていれば、第三アウトの置き換えのアピールプレーをしない限り点が入るんです。だから、思い切って強いバントをやれ。たとえそれがライナーになっても、1点は取れるからと」

いってみれば、一塁側に転がす2ランスクイズが失敗した場合の二段構えともいえる。

たとえバントが失敗しても、相手がルールを熟知していない限り1点は取れるというわけだ。

ちなみに、このプレーがなぜ〝ドカベンルール〟といわれるのか。それは、水島新司のマンガ『ドカベン』の35巻にこのプレーが出てくるからだ。

［ドカベンのシーン］

神奈川県大会の明訓対白新戦。0対0で迎えた10回表、明訓は1死満塁のチャンスを迎える。ここで微笑三太郎がスクイズするも、打球は一塁前へのフライ。投手の不知火守がダイビングキャッチして一塁へ送球、飛び出していた一塁走者の山田太郎をアウトにして併殺が完成した。3アウトとなり、白新ナインはベンチに引き揚げたが、山田がアウトになる前に三塁走者の岩鬼正美がホームインしていたため、得点が認められた。

この場合、公認野球規則の7・10が適用される。タッチアップをしていない三塁走者をアウトにするには、あらためて三塁に送球してアピールし、第三アウトの置き換えが必要になるのだ。

このプレーはあらゆる場面で使えるため、知らないと損をする。実際、甲子園を含む大きな大会でも比較的多く見られる。

［**実例❹　前橋工対千葉商大付戦**］

09年秋の関東大会・前橋工対千葉商大付。7回裏、同点に追いついた千葉商大付がなおも1死二、三塁のチャンスという場面。一番打者の放った打球はライナーでセンターへ。ヒット性の当たりだったが、前橋工のセンターがダイビングで好捕。すかさずベースカバーのセカンドに送り、二塁走者をアウトにして併殺が完成した。

ファインプレーでピンチを脱した前橋工ナインは大喜びでベンチへ戻ったが、二塁走者のアウトよりも三塁走者が先にホームを踏んでおり、千葉商大付に勝ち越しの1点が入った。

［**実例❺　履正社対九州学院戦**］

10年センバツの履正社対九州学院。1対5とリードされた九州学院は6回表1死満塁で八番の大塚尚仁（現楽天）がレフト前へのライナー。ヒット性の打球だったため、走者はすべてスタートを切っていた。前進して打球をつかんだレフトの大西晃平は送球せず、走って二塁ベースまで行き、自らベースを踏んで二塁走者をアウト。

併殺でチェンジになったが、その前に三塁走者が本塁を踏んでおり、アピールがなく得点が認められた。

「サードランナーはタッチアップしてなかったので関係ないと思いました。三塁に投げて暴投して点が入ったら困るので、一番近いセカンドベースに行こうと思った。内野手も全員が『セカンドベースを踏め』という指示でした。チーム全体がよくわかってませんでした」（大西）

［**実例❻　鳴門対済々黌戦**］

12年夏の甲子園の鳴門対済々黌戦。2対1とリードした済々黌は7回裏1死一、三塁のチャンスにエンドランを仕掛ける。二番・西昭太朗の打球はショートライナー。ショートの河野祐斗は捕球後、一塁へゆっくりと送球。一塁走者をアウトにして併殺が成立したが、それよりも先に三塁走者の中村謙太がホームを踏んでおり、アピールがなく得点が認められた。

「ドカベンでルールは知ってました」（中村）

「ルールは知りませんでした。僕がしてしまったミス。甲子園に来るまでに野球を研究して、勉強しておけばよかった」（河野）

参考までに、公認野球規則の該当部分を紹介しておく。

『次の場合、アピールがあれば、走者はアウトになる。

（a）飛球が捕えられたあと、走者が再度の触塁（リタッチ）を果たす前に、身体あるいはその塁に触球された場合。

（b）（c）（d）略

イニングの表または裏が終わったときのアピールは、守備側のチームのプレーヤーが競技場を去るまでに行わなければならない。

中略

第三アウトが成立したあと、ほかにアピールがあり、審判員が、そのアピールを支持した場合には、そのアピールアウトが、そのイニングにおける第三アウトになる。

また、第三アウトがアピールによって成立したあとでも、守備側チームは、このアウトよりもほかに有利なアピールプレーがあれば、その有利となるアピールアウトを選んで、先の第三アウトと置き換えることができる。

〝守備側のプレーヤーが競技場を去る〟とあるのは、投手および内野手が、ベンチまたはクラブハウスに向かうためにフェア地域を離れたことを意味する。

［7・01原注］［注1］略

［注2］　攻守交代の場合と試合終了の場合との区別なく、いずれの場合でも投手および内野手が、フェア地域を離れたときに、アピール権が消滅することとする。

アマチュア野球では、試合終了の場合に限って、両チームが整列したとき、アピール権は消滅することとする。
［注3］略』
知らなければ失点してしまうが、知っていれば、このルールを利用して得点につなげることもできる。知っていて、なおかつ、複数のケースで応用できるか。いざというときに機転を利かせて使えるための準備をしておくことが必要だ。

◉2ランスクイズを外されるか空振りしても、必ず最低でも1点を奪う走塁

状況	1死二、三塁
条件	2ランスクイズ

1死二、三塁で2ランスクイズの場面。サインが出たからといって、打者が確実にバントをできるとは限らない。そこで考え出されたのがこの作戦だ。

「スクイズを外されることもあるし、空振りをしてしまうこともありますよね。そこで三塁ランナーがアウトになると、2アウト三塁になって、結局点が取れなかったという

のがよくあるんです。だから、たとえ外されても、空振りをしても、1点は取ろうと」

外されるか、空振りをした場合、三塁走者は三、本間で挟まれる。このとき、粘ってなるべく本塁に近いところでアウトになるようにする。さらに、タッチされるときはダイヤモンドの内側に倒れ込むのがポイント。タッチされた瞬間に後ろの走者が追い抜いてホームインする。アウトになる走者は内側に倒れて、タッチする野手を内側に呼び込む。その横を後ろの走者が駆け抜けていくイメージだ。

実は、これは作新学院の江川卓（元巨人）と対戦することになった広島商が、怪物といわれた江川から何とかして1点をもぎ取ろうと練習していたプレー。実際に陽の目は見なかったが、高校野球ファンの間では語り継がれている作戦だ。

「知っている人には有名なプレーですが、これを絵に描いた餅、伝説だけにしておくのはあまりにも惜しいですよね。これを練習しておけば、うまくいけば2点、失敗しても1点は取れますから。毎年沖縄キャンプで練習しますが、意外とできます。生徒は結構喜んでやりますよ」

◉三塁線に打球を殺した弱めのセーフティースクイズで得点

状況	無死、1死三塁
条件	三塁手に捕らせるセーフティーバント

走者が三塁にいる場面で、打者が三塁前に三塁手に捕らせるセーフティーバント。三塁手が一塁に送球すると同時に三塁走者はホームへスタートを切る。

「三塁ランナーは（打球処理のために前進する）サードと一緒になって出てきます。サードの後ろに、中継プレーのトレーラーマン（※カットマンの後ろに入る二枚目のカットマンのこと）みたいにくっついていく。三塁ベースはあいているわけですからね。それで一塁への送球間にホームに行けばいいだけですから、これは簡単です。サードの後ろに目はないですからね」

ポイントは、走者よりもむしろ打者。確実に三塁手に捕らせるバントをすること。強いバントで投手に捕られてしまうと、三塁手に送球される恐れがあるため、三塁走者は出てこられない。それを避けるために、やや弱めのバントをすることが必要になる。

「サードが絶対に捕ることが前提で、打球が死なないとダメです。逆にいえば、常に打球判断を練習しているチームだったら簡単にできます。難易度は低いと思いますよ」

◉走者一、三塁の偽装スクイズで、三塁走者が一塁走者の盗塁を援護

状況　無死、1死一、三塁

走者一、三塁で一塁走者の盗塁を助けるための偽装スクイズ（バント空振り）。昔は簡単に成功したが、今は一般的になり、引っかからないチームも増えてきた。そこでまた〝ひと手間〟が必要になる。ひと手間を加えるのは三塁走者。通常、三塁走者は3～4メートルのリードを取るが、このときはリード幅を狭め、1メートルにする。

「三塁ランナーはベースから1メートルのところから、キャッチャーが投げるときにドドッと走るんです。走ってきたというのを匂わす。そして、止まって戻る。そのために最初1メートルしか出ないんです」

通常の4メートルリードのところから走り出した場合、すぐに止まっても捕手の送球で刺されてしまう。走っても、戻れる位置が1メートルなのだ。

「1歩でも2歩でも歩数を稼ぐために1メートルのところにいます。歩数を稼げば、キャッチャーの視界に入ったときに『走ってきた』と思いますから。それで三塁を見れば、もう二塁はセーフです。たくさん走っているように見えて、ちゃんとベースに戻れるのが1メートルなんです」

当然のことながら、このようなひと手間をかけないで偽装スクイズが成功する相手ならばやる必要はない。レベルの高いチーム、偽装スクイズだと察知して三塁走者を殺しにくるようなチーム相手に使うやり方だ。

もちろん、偽装スクイズを使わなくてもいい。三塁走者が同じように動き、捕手に三塁に送球させるのだ。投球がボールになれば、ストライクが増えないで走者を進めることができる。このふたつを相手や状況によって使い分けられるようになれば理想だ。

タッチアップ

◉中堅、右中間の大飛球で、二塁からタッチアップでホームイン

状況　無死、1死二塁
条件　センター後方または右中間への大きなフライ

近年は打力が上がっている高校野球。センターや右中間への大きなフライが飛ぶのは

珍しくない。そこで狙いたいのがこのプレーだ。

「今はセンターが深い球場が増えましたよね。センターオーバー、あるいは右中間に大飛球が飛ぶと二塁から三塁へのタッチアップは完全にセーフ。そうすると三塁に投げる選手はいませんから、外野手は中継に返し、送球を受けた内野手が持ってくるというふうになります。ただ、これも、形骸化になっているんですよ」

形骸化イコール〝決めつけ〟といってもいい。大飛球を捕球した外野手も、中継に入った内野手も「二塁走者は三塁ストップ」と勝手に決めているのだ。はじめから投手に戻すことしか考えていないから、歩いて持ってくる選手もいる。そういう選手は、二塁走者が本塁に突っ込むのを見ると驚き、あわてる。当然、本塁への返球がワンテンポ遅れることにつながる。送球がぶれる可能性も高い。

「形骸化のエアポケットです。野球をやっている選手なら、そこにその打球が飛んだ瞬間に（二塁走者のタッチアップは確定。1死または2死三塁になるなと）絵を浮かべるんです。これはサードに投げるのは無理。中継だけすればいいと。だからそこへ飛んだ瞬間に、もう迷わずホームまで行くんです」

口では「ひとつでも前の塁を狙う」と言っていながら、こういうスキを突こうという走者は少ない。狙っているふりだけして、行けるのに行かないというケースはかなり多くある。本気で狙っていれば、行けるのだ。

このプレーを甲子園で二度披露しているのが東海大相模だ。

［実例❼　東海大相模対成田戦］

一度目は10年夏の準決勝の成田戦。3対6とリードされた5回表1死二、三塁で四番・大城卓三の打球はセンター後方への飛球。センターの岡美地矢は捕球するも握り替える際に落球。その間に二塁走者の伊集院駿が一気にホームへ還った。

この走塁で1点差に迫った東海大相模は、この回さらに3本の短長打で逆転。6回にも3点を追加して11対7で勝利。流れを変える好走塁だった。

［実例❽　東海大相模対仙台育英戦］

二度目は15年夏の決勝の仙台育英戦。9対6とリードした9回表1死二塁で五番・磯網栄登の打球は右中間へ。ライトの百目木優貴が捕球したあとに倒れ込むのを見て、二塁走者の豊田寛が一気に本塁へ走り、楽々と生還した。百目木は起き上がったあと、数秒間は走者のことを忘れて返球せず。完全にエアポケットに入っていた。

東海大相模の見せた二例は捕球後の落球、ダイビングがあったが、何もなくても行ける、常に狙えるというのが葛原ＳＶの考え。中継に入った内野手がゆっくりダイヤモンドに向かって歩きはじめたときなど、スキが出る場面を見逃さずにしたい。

◉満塁時のインフィールドフライでタッチアップ

状況　無死、1死満塁
条件　インフィールドフライの宣告

満塁で内野フライを打ち上げるとインフィールドフライが宣告される。その時点で打者はアウト。そのため、プレーが途切れたかのように勘違いする選手がいるが、もちろんインプレー。野手がフライを捕球すれば、タッチアップすることができる。

「インフィールドフライはエアポケットになりやすいんです」

フライが上がった瞬間にアウトが確定して野手が油断している分、スキが生まれやすい。ちなみに、インフィールドフライが宣告されたあと、強風で外野まで飛んだり、極端に前進していた外野手が内野手を押しのけて捕球したりすることがあるが、この場合は外野手が捕ってもインフィールドフライが適用される。

参考までに、『野球規則』のインフィールドフライの部分を紹介する。

『0アウトまたは1アウトで、走者が一・二塁、一・二・三塁にあるとき、打者が打った飛球（ライナーおよびバントを企てて飛球となったものを除く）で、内野手が普通の守備行為をすれば、捕球できるものをいう。この場合、投手、捕手、および外野手が、内野で前記の飛球に対して守備したときは、内野手と同様に扱う。

審判員は、打球が明らかにインフィールドフライになると判断した場合には、走者が次の行動を容易にとれるように、ただちに〝インフィールドフライ〟を宣告しなければならない。また、打球がベースラインの近くに上がった場合には、〝インフィールドフライ・イフ・フェア〟を宣告する。

インフィールドフライが宣告されてもボールインプレーであるから、走者は離塁しても進塁してもよいが、その飛球が捕らえられれば、リタッチの義務が生じ、これを果たさなかった場合には、普通のフライの場合と同様、アウトにされるおそれがある。

たとえ、審判員の宣告があっても、打球がファウルボールとなれば、インフィールドフライとはならない』

［**実例❾　武相対日大藤沢戦**］
インフィールドフライで思い出すのが、12年夏の神奈川大会・武相対日大藤沢の試合。2対2で迎えた9回裏、日大藤沢が1死満塁のチャンスを迎えた。ここで一番・伊藤修

太はサード頭上へのフライ。即座に「インフィールドフライ」が宣告された。打球は強風に流され、サードの葛西鴻太は転倒。ショートの山本将好が捕球したが、そのあとに間ができた。山本が投手の板野拓耶に返球。ホッとした武相内野陣がマウンドへ集まり始めたとき、三塁走者の齊藤歩が本塁へ。決勝点となるサヨナラのホームへすべり込んだ。三塁手をはじめ武相ナインは「タイムと言った」と猛抗議したが、審判はタイムを宣告していない。インプレーのために得点が認められた。

「ボールを持っていたピッチャーは後ろを向いて油断していたし、スキがあると思った。キャッチャーも手にマスクを持っていたので、行けると思いました」と言ったのは得点した齊藤。1年生ながら冷静な観察眼が光った。

ちなみに、インフィールドフライが捕球されたときは通常のフライと同じようにリタッチが必要だが、捕球されなかったときや落球したときはリタッチは必要ない。フライが上がった瞬間に打者がアウトで走者に進塁の義務は生じないため、走者が走った場合はフォースプレーではなく、タッチプレーになる。

［**実例⑩　大洋対広島戦**］

91年6月5日の大洋対広島戦。2対2で迎えた9回裏、大洋は1死満塁のチャンスを迎える。ここで清水義之は捕手頭上へのフライ。フライが上がると同時に主審の谷博が「インフィールドフライ・イフ・フェア」を宣告する。捕手・達川光男はフライを捕球せず、ワンバウンドで捕って本塁を踏んで一塁へ送球。併殺でピンチを脱したと喜んだのもつかのま、三塁走者の山崎賢一のホームインが認められて大洋がサヨナラ勝ちを収めた。

インフィールドフライが宣告されているこの場合、三塁走者に進塁義務はないためタッチの必要がある。だが、達川は三塁走者にタッチすべきところを、フォースプレーと勘違いして通常のフライ落球のときと同じように処理してしまった。ちなみに、まったく同じプレーが2015年5月4日の広島対巨人戦でも起きている。

［**実例⓫　広島対巨人戦**］

2対2で迎えた9回裏、広島の攻撃は1死満塁のチャンス。ここで代打の小窪哲也の打球は捕手前へのインフィールドフライ。この打球を三塁手の村田修一と一塁手のファン・フランシスコがお見合い。ボールを拾ったフランシスコが本塁を踏んで一塁に送球の構えを見せる間に、三塁走者の野間峻祥がホームベースを踏んで広島がサヨナラ勝ちを収めた。

フランシスコは一塁送球ではなく、三塁走者にタッチしなければならなかった。ルールを知っているかどうか。相手が理解しているかどうかを確認して走塁に活かせるかどうか。こういうプレーが出るのも、ルールが複雑な野球の面白さだ。

◉セカンド・ショート深めの内野フライでタッチアップ

状況　無死、1死三塁
条件　セカンド・ショート深めのフライ

セカンド・ショート深めのフライの場合、これはインフィールドフライに関係なく本塁を十分に狙える。常に次の塁を狙う姿勢に加え、相手の捕球体勢を確認する観察眼と判断力があれば、たとえ外野まで打球が飛ばなくても得点するチャンスはある。
インフィールドフライのルールを覚えておくのと同様、普段の練習から意識しておきたい。

［実例⑫　常葉菊川対東洋大姫路戦］

07年の神宮大会・常葉菊川対東洋大姫路の試合。常葉菊川は9回表に1点を挙げて6対4としたあと、なおも1死一、三塁の場面で三番の前田隆一がセカンドフライ。この打球で三塁走者の戸狩聡希が本塁へタッチアップ。二塁手の悪送球を誘って生還した。

［**実例⑬　いなべ総合対鶴岡東戦**］

16年夏の甲子園・いなべ総合対鶴岡東戦。5回裏、いなべ総合は同点に追いつき、なおも1死一、三塁。ここで守田良馬の詰まった打球はセカンド後方にフラフラと上がるフライ。背走した二塁手が外野の芝生に入って捕球したが、これを見た三塁走者の神田将嗣がタッチアップしてホームイン。「あの体勢だったら行けると思った。打球判断には自信がありました」と胸を張る好走塁で決勝点を挙げた。

◉走者一、三塁でのダブルタッチアップ

状況　無死、1死一、三塁
条件　バックネット前の捕手へのファウルフライ、一塁後方のファウルフライなど

その❶　攻撃側の作戦

一年に一度あるかないかのプレーだが、プロもキャンプで練習するプレーだ。

一、三塁でのファウルフライで一塁走者が二塁にタッチアップ。フライを捕球した野手が二塁に送球した瞬間に、三塁走者が本塁へ向かってスタートを切る。このプレーができる確率が高いのは、バックネット前のキャッチャーフライと一塁後方の一塁手、二塁手、ライトの3人が追いかけるようなファウルフライだ。

「守備側はランナーが走るのがわかっていても投げられないということが結構あります。三塁にランナーがいるから投げられない。だから、ホームインはできなくても確実に二塁には行けます」

三塁走者がタッチアップの構えを見せたり、スタートを切ったりすれば、野手はホームに送球する。その瞬間に一塁走者がスタート。三塁走者は止まればいい。もちろん、例を挙げた二例以外のフライでも応用できる。

「私はレシピを作るだけ。あとは生徒が味つけをしてくれます。生徒はそういうのが好きで、今は『あれもできる、これもできる』と言ってますから。逆に、こちらが勉強になることもあるぐらいです」

その2 守備側の作戦

もちろん、これは相手も狙ってくる作戦だ。守備側として防御策も頭に入れておかなければいけない。進塁をさせないために、ポイントになるのは投手だ。投手がすべて中継に入る。一塁後方のフライなら一塁ベースへ（図版A）。三塁後方のフライなら三塁ベースへ（図版B）。バックネット前のフライならホームベースへ。ボールを持った野手と本塁との間に投手が入り、すぐに投手に返球すれば、走者は動けない。

簡単そうに感じるが、このプレーを知らない投手はマウンド付近に突っ立ったままということが多い。簡単に走られてしまう。大事なのは、知っているか、知らないか。考えているか、考えていないか。走塁の練習をすることで、守備の練習にもなると思えるか。走られないためにどう防御するか考えることができるか。これが、野球を覚えるということであり、面白いところなのだ。

A

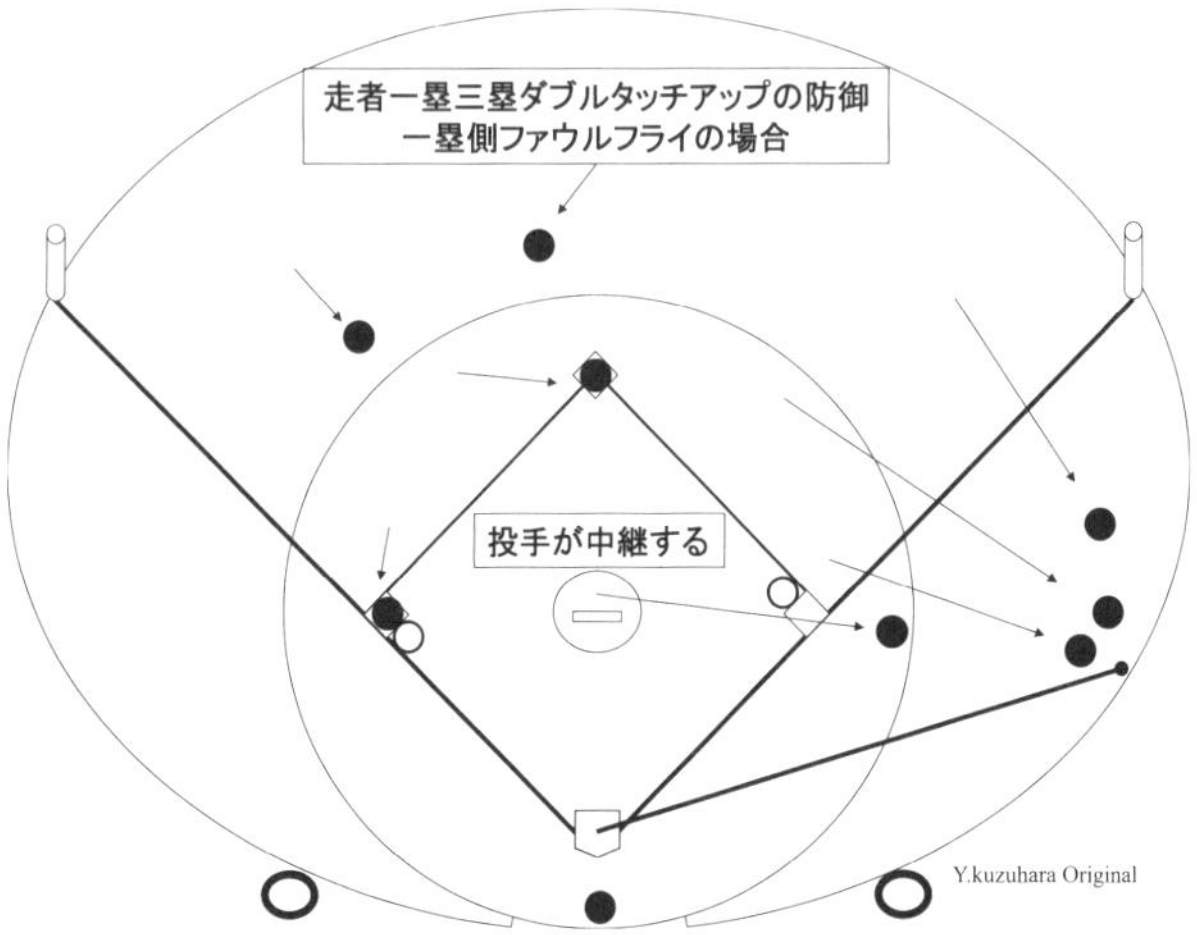
走者一塁三塁ダブルタッチアップの防御
一塁側ファウルフライの場合
投手が中継する
Y.kuzuhara Original

B

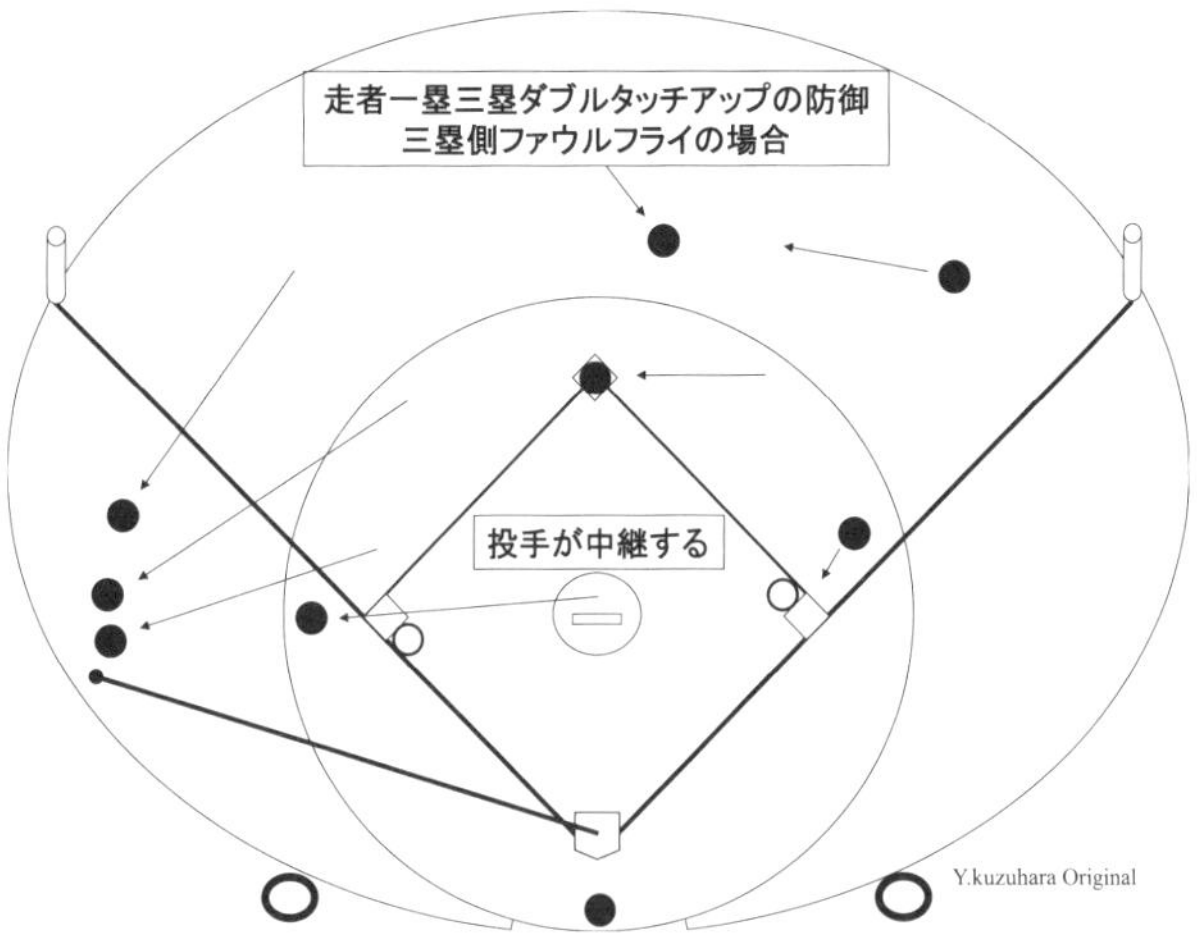
走者一塁三塁ダブルタッチアップの防御
三塁側ファウルフライの場合
投手が中継する
Y.kuzuhara Original

波状攻撃

◉二塁走者の三進か一、二塁を必ず作る、走者二塁からのセーフティー犠牲バント

状況　無死二塁
条件　打者が投手前にセーフティーバント

高校野球の場合、無死二塁では送りバントのケースが多い。タッチプレーではあるが、三塁までは送球の距離も短いため失敗の可能性も高くなる。特に二塁走者が鈍足の場合は、よほどいいバントをしなければ決まらない。失敗して無死二塁が1死一塁になってしまえば攻撃側は意気消沈。無得点に終われば流れも変わりかねない。そこで、絶対にアウトにならないためにこのプレーが生まれた。

やり方はシンプル。打者は投手前にセーフティーバントをする。二塁走者はバントと

同時にスタートを切るのではなく、打球を処理した投手が一塁へ投げたと同時に三塁へスタートする。

「普通にサードに捕らせるバントをしていると、足が遅いランナーは三塁に行けないんです。だから、むしろバントの角度は甘くていい。これだと、二塁ランナーが走っていないのに、サードに投げる選手もたまにいますから」

無死二塁で打球を処理した投手は、判断ではなく、決めつけで三塁へ送球しようとする。だから、あえてそこでは走らない。第二リードを十分に取っておいて、一塁への送球間に走る。それよりも、ポイントは普通の送りバントではなく、セーフティーバントというところだ。

「セーフティーバントじゃないとダメです。普通の送りバントだと打者走者が一塁に行くまで時間がありますから、打球を処理したピッチャーは偽投をたくさんやってきます。セーフティーバントなら、すぐに一塁に投げないと間に合わないから、一塁で殺しにいくし、必ず投げるんです。バッターが左だとなおいいですよね。必ず一塁に投げます。必ず投げるとわかっているんですから、こんなに楽なことはないですよ」

今はバント処理の能力が高くなっていて、このケースで通常の送りバントを決めるのは難しい。それだったら、逆に甘いセーフティーバントをして、送球間に進む。バント処理がうまいピッチャーは（決めつけ、反応で）三塁に投げてきますから、無死一、二塁になることもあります」

三塁に投げてきたら二塁走者はスタートしない。だから、無駄死にをすることもない。決めつけで三塁に投げてくれれば、セーフティーバントの打者走者は一塁に生きる可能性が高い。無死一、二塁と好機を広げる可能性もある。

「バントがうまい選手なら、オールセーフで一、三塁になることもあります。だから、私はなんでもっとこれをやらないのかと思っています」

野球において決めつけは悪だが、決めつけたプレーをする選手は多い。

「野球にはセオリーというのがあります。それを考えれば、推理小説を終わりから読んでいるようなもの。はじめからやるとわかっていることは利用すればいい。『そうに決まってるじゃん！』というのを『そうかな？』と考えるんです」

相手がやることを読んで逆から考えれば、おのずとやることがわかってくる。子供の頃からやってきて、当たり前に思っていることが、いつも正解とは限らないのだ。

◉究極の理想形、オートマティック攻撃

状況　無死一塁
条件　送りバントのケース

無死一塁イコール送りバント。近年こそ打たせるケースが増えてきたが、かつての日本の野球、特に高校野球では送りバントが当たり前だった。以前ほどではないが、今も多いのは変わらない。

そのケースを見てみると、多くの場合、初球はバントの構えでウェイティングする。守備隊形など相手の出方をうかがうためだ。だが、葛原ＳＶはその１球がもったいないと言う。初球がストライクになれば相手有利になることはもちろん、初球に甘い球が来ることも多いからだ。

「ベンチはとりあえず様子をうかがおうとしますよね。そうすると、たいてい１球目はファーストとサードがダーッと出てきて、バッターがバントの構えを引く。『相手はバントシフトで来るんだな』と思って次に『打て』とやると、今度はファーストもサードも全然出てこないで外してきたりする。その１球がもったいないと思うんですよ」

葛原ＳＶが考える理想は、選手が自分の判断で動くこと。犠牲バントの構えをしてい

ても、一塁手と三塁手がバントシフトでダッシュしてきたら、バスターに切り替える。一塁走者は「行けたら行け」のグリーンライト。投手が投げる前に一塁手がバントシフトでダッシュをしたら、一塁手が動くと同時に単独盗塁を仕掛ける。打者はストライクが来ればバスター、ボールであれば単独盗塁を助けるフェイクバントで捕手のキャッチングを困惑させる。右打者であれば、走者のスタートのよしあしがわかるため、完全にセーフのタイミングであればストライクでも見送っていい。

「生徒の判断で作戦が自動的に切り替わるから、オートマティックという言葉を使っています。監督がスタンドにいるラグビーは、ワンプレーごとに指示を出せない。だから、ラグビーのように自分の判断で動いてほしいんです。ベンチが待てと言ったから待ちましたというのでは、その1球がもったいない。そうではなくて、『こうできると思いました』ということをやってほしいんです。二塁に行けるのにサインが盗塁じゃないから行かないとか、甘いハーフスピードの球が来てるのにフェイクのサインだから打たないとかあるでしょう。一番おいしい1球ってあるんです。その1球がもったいなくてしょうがないんですよね」

無死一塁で送りバントのサインが出たとする。この場合、監督の望みは何なのかを考える。監督は決して送りバントをしてほしいわけではない。走者を二塁に進めてほしいから、送りバントのサインを送ったのだ。バントを使わず、アウトを増やさずに走者を二塁に送ることができれば、最高の形で監督の望みを叶えたことになる。

要するに、ただサインが出たからこう動きましたというロボットのような選手はいらないということ。相手を観察し、よりよい形で監督の希望に応えられるかを考えて動ける選手が理想だということだ。

［**実例⓮　浦添商対慶応義塾戦**］

これに似たことを実際に甲子園でやったのが08年夏の浦添商。準々決勝の慶応義塾との試合だ。1対1で迎えた4回表、1死一、三塁のチャンスを作って打席には六番の当山加寿馬。この場面で慶応は二塁併殺狙いの中間守備を敷いたが、当山がバントの構えを見せると、一塁手と三塁手が猛チャージ。スクイズは許さない姿勢を見せた。

当山は3球バントの構えで見送り、カウントは2ボール1ストライク。4球目だった。当山は「内野がかなり前に出てくる。間を抜けるかもと思いました」とバスターに切り替えたのだ。実は、これが当山の判断だった。

「カウント2－1になり、スクイズのサインを出しました。バントの構えから、普通のスクイズです。それを当山が打ったんです」（浦添商・神谷嘉宗監督＝当時）

打球はショート前へのゴロになったが、当山は一塁にヘッドスライディング。併殺崩れとなる間に浦添商は1点を勝ち越した。

「当山に『スクイズのサインなのになぜ打ったのか？』と聞いたら、『野手が突っ込んできたから打った』と。意図を持ってやっているからＯＫです。バントのサインでも野手が突っ込んできたら打て、というのがウチの約束。練習もずっとやっています。あの場面で野手の動きが見えて切り替えることができた。これならライナーでアウトでもＯＫなんです。ゲッツーにならなかったのは、この試合のポイントでしょうね」

思いつきのとっさの判断でやったのではない。練習を繰り返してきたうえでやったことと。チームセオリーとして全員が理解していたからこそ、切り替えが功を奏し、好結果につながったといえる。

サイン通り動くことは大事だが、根拠があって変更するのなら構わない。もちろん、勝手に動かれても困るため、場面、状況などを限定し、自分の判断で変更していい選手とそうでない選手を区別する必要はあるが、取り入れることができれば攻撃の幅が広がる。

「まだ確立はできていません。でも、最終的にはここに行きたい。機動破壊の将来の姿、目指すのはここです。これができれば、相手は戸惑いますよね。守っている選手たちも、スタンドで観ている偵察部隊も、何のサインが出ていたのかわからない。通常の送りバントが、状況によって単独スチールやバスターエンドランに切り替わるんですから」

実際、盗塁は「次の1球で行け」というより「ディスボール」のサインよりも、「行けたら行け」のサインのほうが決まりやすい。「〜しなければいけない」よりも「〜してもいい」というほうが、選手は楽に動けるのだ。

「サイン通り動かなければ叱られる」という野球から、いかに抜けられるか。

「監督の希望にいかに応えるか」を考える野球に変えていけるか。

難易度が高いため、チーム全員がこの域に達することは難しいかもしれない。だが、自分の判断で動ける選手を一人でも増やしていくことが、チームが次のステップに進む第一歩になる。

◉逆転の発想、左投手の攻略法

近年は甲子園に出場するチームの半数は左腕エースという時代。サウスポー攻略なしに上位進出は望めない。そこで、葛原流の左投手攻略法を紹介する。

もっとも重要なのが、攻略という言葉のとらえ方を変えること。これが大前提になる。

「攻略というと、みんな打ちのめすイメージを浮かべるんですよね。でも、そうじゃないんです」

相手にいつも通りの投球をさせないためにはどうすればいいのか。得意球を投げさせないようにするにはどうすればいいのか。いつもとは違う投球パターンにさせ、得意球を投げにくい状況にすれば、リズムは狂ってくる。投げる球種も限られるため、おのずと狙い球も絞れる。これが、葛原SVのいう攻略だ。

「右バッターには、『打席の前、ピッチャー寄りに立って曲がりっぱなを打て』とよく言いますけど、逆にこれは（狙うコースに）邪魔なものがなくて心理的にカーブが投げやすいんですよ。これはキャッチャーをやっていると特に思いますね」

　葛原流は一般的にいわれていることの逆。打席の後ろに立つ（図版C）。

「ホームベース寄りの後ろに立たれると、

C 左投手の攻略法

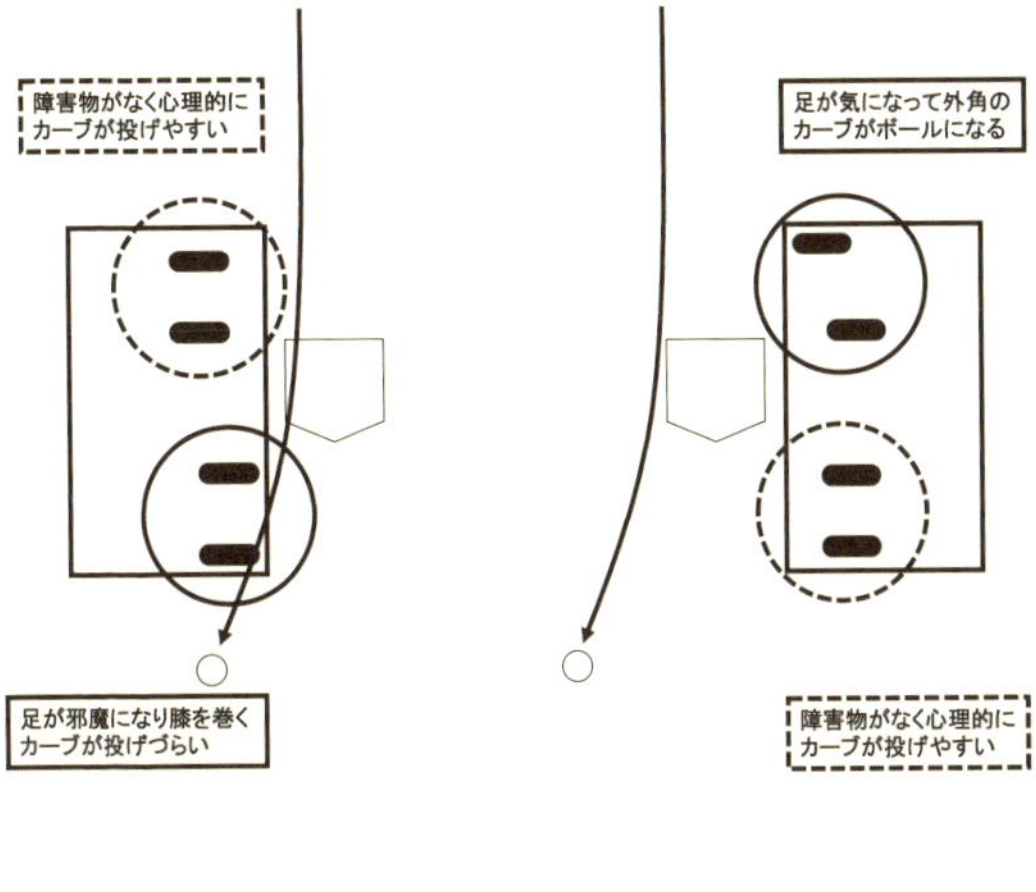
障害物がなく心理的にカーブが投げやすい
足が気になって外角のカーブがボールになる
足が邪魔になり膝を巻くカーブが投げづらい
障害物がなく心理的にカーブが投げやすい

バッターの足が邪魔で邪魔でしょうがない。特にひざを巻く変化球が投げづらいんです。いいスライダーを投げるピッチャーに限って、ここに立つと（打者に）当てちゃうんですよ。だから、ベース寄りの後ろに立って、ひざ元のカーブ、スライダーを徹底的に殺すほうがいい。今まではみんな打つことしか考えていなかったんです。だからピッチャー寄りに立って、曲がりっぱなを打てと言っていた。でも、ピッチャーからすると、何が嫌かといったら、投げる球が半分になることなんです。一度当ててしまうと、もう投げられませんから」

左打者の場合は前後が逆になる（図版C）。左投手の左打者への勝負球は外角の変化球。これまでは捕手寄りに立って、ボールになる変化球を見極めろといわれてきたが、この位置に立つと投手は外角をかすめるカーブ、スライダーが投げやすくなってしまう。そこで、投手寄りに立つのだ。身体が開かないよう、スタンスはクロスにして構える。これによって投手が投げづらくなるだけでなく、打者も見極めやすくなる。

「これはやれるんです。これで攻略できます。ただ、これは戦略ですから、みんなわからないんですよね。打ちのめしたというのではなく、勝手にピッチャーが崩れていったという話になるので」

投手に少しでも投げにくくさせ、ボール球を見極める。こうすれば狙い球は絞りやすくなるし、四死球で出塁することも可能になる。出塁すれば、左腕だけに右投手よりも大きなリードができるうえ、ランナーを送って三盗も仕掛けやすい（※詳しくは『機動破壊』参照）。

相手投手をＫＯすることイコール攻略ではない。じわじわと攻め、じわじわと圧力をかけて攻略する方法もあるのだ。

第3章

守

ピックオフ

◉2死満塁フルカウントからのピッチドアウト、1点献上してオーバーラン刺殺

状況	2死満塁フルカウント
条件	2～3点リードしているときの終盤

27個目のアウトを取ったときに、1点多ければ勝つのが野球だ。最終的に勝つのであれば、相手に与えていい点数もある。守備側からすれば、〝捨てる〟点数だ。この考えを究極に表現したのがこのプレーだといっていいだろう。

場面は2点リードしているときの最終回。2死満塁、フルカウント。このとき、走者は自動スタートを切る。攻撃側からすれば、あと1球で負けという状況。そのため、同点の走者となる二塁走者は、何がなんでもホームインしようと、しゃかりきになってス

タートを切る。これを利用するのだ。

捕手はピッチドアウトを要求。投手は走者がスタートを切りやすいようにセットポジションではなく、あえてワインドアップまたはノーワインドアップで投げる。当然のことながら、投球はボールとなり、打者は四球。押し出しで1点を失う。

だが、ガムシャラにスタートを切っていた二塁走者はワインドアップでかなりの距離を走っているため、勢いあまって三塁ベースをオーバーランする（急には止まれない）。そこを捕手からの送球でアウトにするのだ。このとき、ピッチドアウトの前に2、3球ファウルがあると理想だ。その間、走者がどのくらいオーバーランしているかを観察することもできるし、走者は「またかよ」と惰性になって集中力も切れてくるからだ。

「ピッチャーには『ふりかぶれ。ランナーは無視して、バッター勝負』と伝えます。それによって、ランナーを安心させて、走らせる。これは、監督が直接声をかけますし、ベンチにいる選手にも言わせせます」

果たして、これで本当にオーバーランするのか？　と思う人がいるかもしれない。

点差があればしないだろうし、練習などでこのプレーだとわかっていれば、飛び出す走者はいない。だが、葛原SVは杜若の監督時代、実際に二度このプレーでアウトにしている。

「初めてアウトにしたのは練習試合だったんですが、その状況で相手がファウルを2、

３本打ったんです。二塁ランナーは同点のランナーだから一生懸命ダーッと走るんですけど、ファウルが続いて『またかよ。いい加減にしろよ』みたいな感じが見えてきた。それで、これは殺せるなと。２点勝っているんだから、１点は取られてもいい。そう思って、『キャッチャーに、外してサードへ投げろ』というサインを出した。そうしたらアウトにしたんです」

絶対的な条件は緊迫感があること。２点差であれば、二塁走者、または一塁走者が還ってくるかどうかで勝敗が決まるというような状況なので理想だ。ベンチから二塁走者に「絶対一本で還ってこいよ！」、一塁走者に「ツーベースなら絶対還ってこいよ」という声が飛び交うぐらいでなければいけない。夏の大会など、負ければ即引退の状況なら、どんなチームも必死になるのでそうなりやすい。

基本的には捕手は三塁に送球する。距離が近く、悪送球のリスクも少ないうえ、一番先の塁にいる走者だからだ。だが、葛原ＳＶが監督時代にアウトにした二度目は、捕手が二塁送球してのものだった。

「ピッチドアウトのサインということで、キャッチャーが何も考えずセカンドに投げた。間違っただけなんですけどね。それがショートも入っていて殺したんです。一塁ランナーは逆転のランナーですよね。だから、二塁打になったらホームへ還ろうと思って走ったんでしょう。一生懸命走っていたからアウトになった」

二塁は捕手からの距離が遠く悪送球のリスクが高いうえ、自動スタートの場面だけに通常ならセカンド、ショートはベースカバーに入らない。そのため、三塁に送球するのが基本になるが、野球には例外がつきもの。二塁走者よりも、一塁走者のほうがスキがあれば、あえてこちらを狙う手もある。頭に入れておいて損はない。

ファウルを打つ前に一発勝負で仕掛けても構わないが、近年は名門校でも2死フルカウントで自動スタートを忘れるような選手が散見される。ファウルを打ったときの走者の進んだ位置を確認して、どれぐらい走っているのか確認してからのほうが、成功する確率は高くなる。ファウル1本で自動スタートの走者の位置を把握できるかが、この作戦を使うポイントになる。ダラダラしたチームよりは、セオリーに忠実で、マジメに全力でスタートするチーム相手のほうが有効だといえる。

ちなみに、このプレーを決行したのは葛原SVが杜若監督として采配を振った111試合のうち、たったの2回しかない。そもそも、このシチュエーション自体がほとんどない。

「終盤ではなく、9回の裏となるとおそらく1シーズンで1回あればいいほうでしょう。私はやりたいと思って待ち焦がれていますが、なかなかそういう場面が来ないですから。ただ、野球というのは、たとえこのプレーがゲームでできなくても、頭の中で描けていれば、他の分野でも絶対に工夫できるし、新たな着眼点も開けてくると思うんです。数学でも何でもそうですけど、特別難しいことは、たとえ問題に出なくても解いておくことによって、何か違うものが見えてくるじゃないですか。だから私は、生徒にとっては、空想ゲームでもいいいと思っています」

◉無死一、二塁でのブルドッグシフトの変型ピックオフ

状況　無死一、二塁
条件　送りバントの構え

近年、高校野球にもタイブレークが導入された（甲子園に直結しない大会や明治神宮大会など）。タイブレークは無死一、二塁から攻撃が始まる。ここで送りバントを決められると、まずは失点を覚悟しなければならない。そこで、葛原SVが考えたのがこのプレーだ。

イメージはブルドッグシフトの変型版。ブルドッグとは、相手が100パーセント送りバントで来ると予想される場面で使用するシフトのことで、ショートがサードベースカバー、セカンドがファーストのベースカバーに走り、ファースト、サード、投手がバント守備のためダッシュ。三塁での封殺を狙うプレーだ（図版A）。

この変形ピックオフは、ブルドッグと1－2－4を組み合わせたものだといえる。ブルドッグシフト同様、まずはショートが三塁ベースへスタート。それと連動して、ファースト、サードが本塁へ、セカンドは一塁ベースへダッシュする。

ここまではブルドッグシフトだが、ここからが違う。スタートを切ったショートとサードがUターンして戻るのだ。ショートは二塁ベースカバー、サードは三塁ベースカバー。投手はボール球を投げて捕手は一塁ベースカバーに入っているセカンドへ送球。飛び出している一塁走者をタッチアウトにするか、挟殺プレーに持ち込む（図版B）。

内野手が動き出した時点で、走者はブルドッグシフトだと直感する。ブルドッ

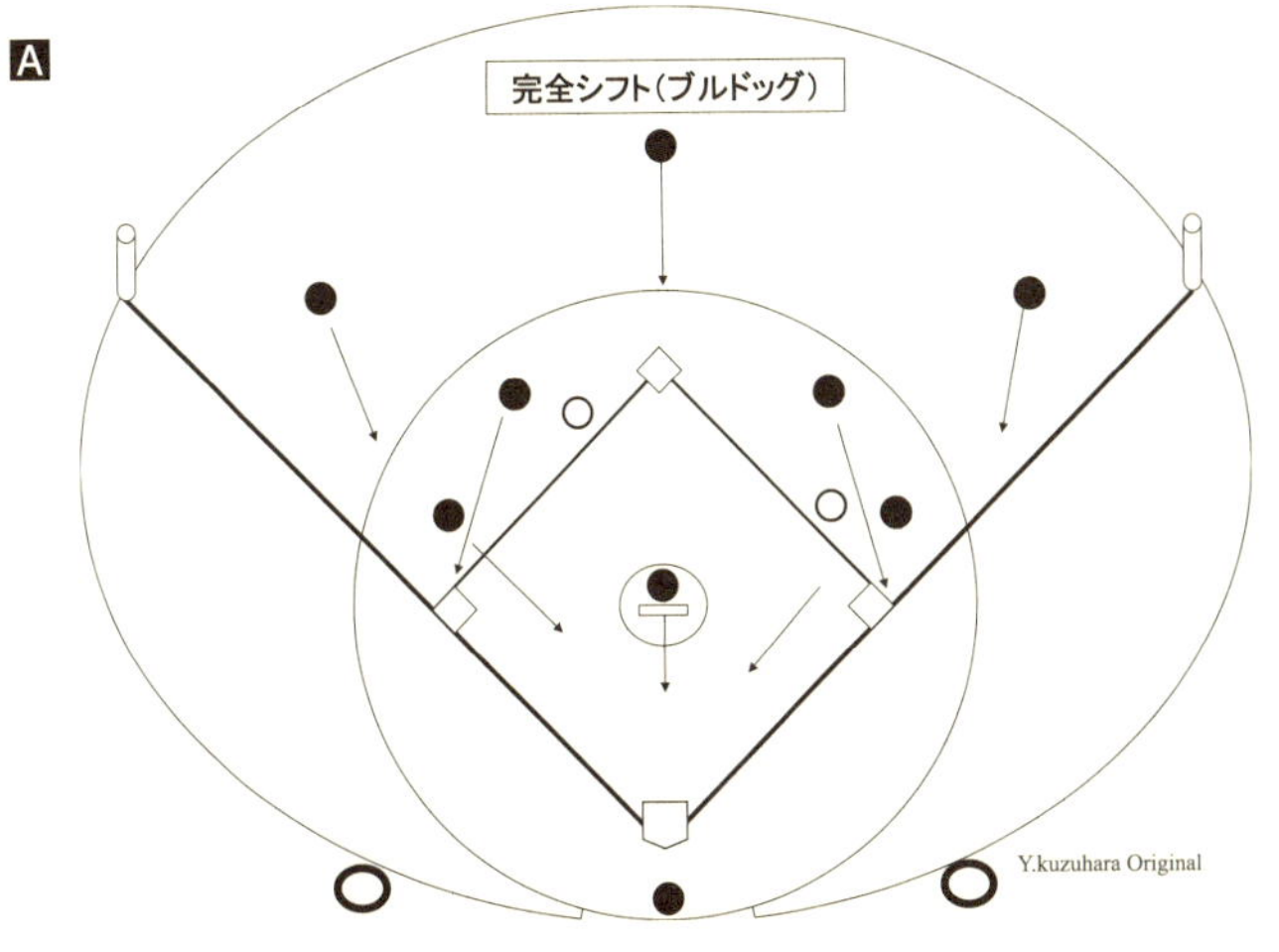

グシフトの場合、投手からの一塁けん制はない。また、二塁ベースがあくため、一塁走者はバント失敗の飛び出し以外、自分がアウトにされることはないと油断する。自然とリードが大きくなるため、そのスキを突くのだ。一塁走者が二塁方向へ逃げていった場合は、押し出される形で飛び出した二塁走者を挟んでアウトにすればいい。

「ポイントはショートが最初にスタートすること。ブルドッグシフトだと意識させる必要がありますから。それからは、いつもなら三塁へ行くのを戻ってくるだけの話なんです。時間はたっぷりありますから、ショートは三塁ベース方向に5、6歩走っても大丈夫です。戻れます。あとは、ファーストがかなりホームベース

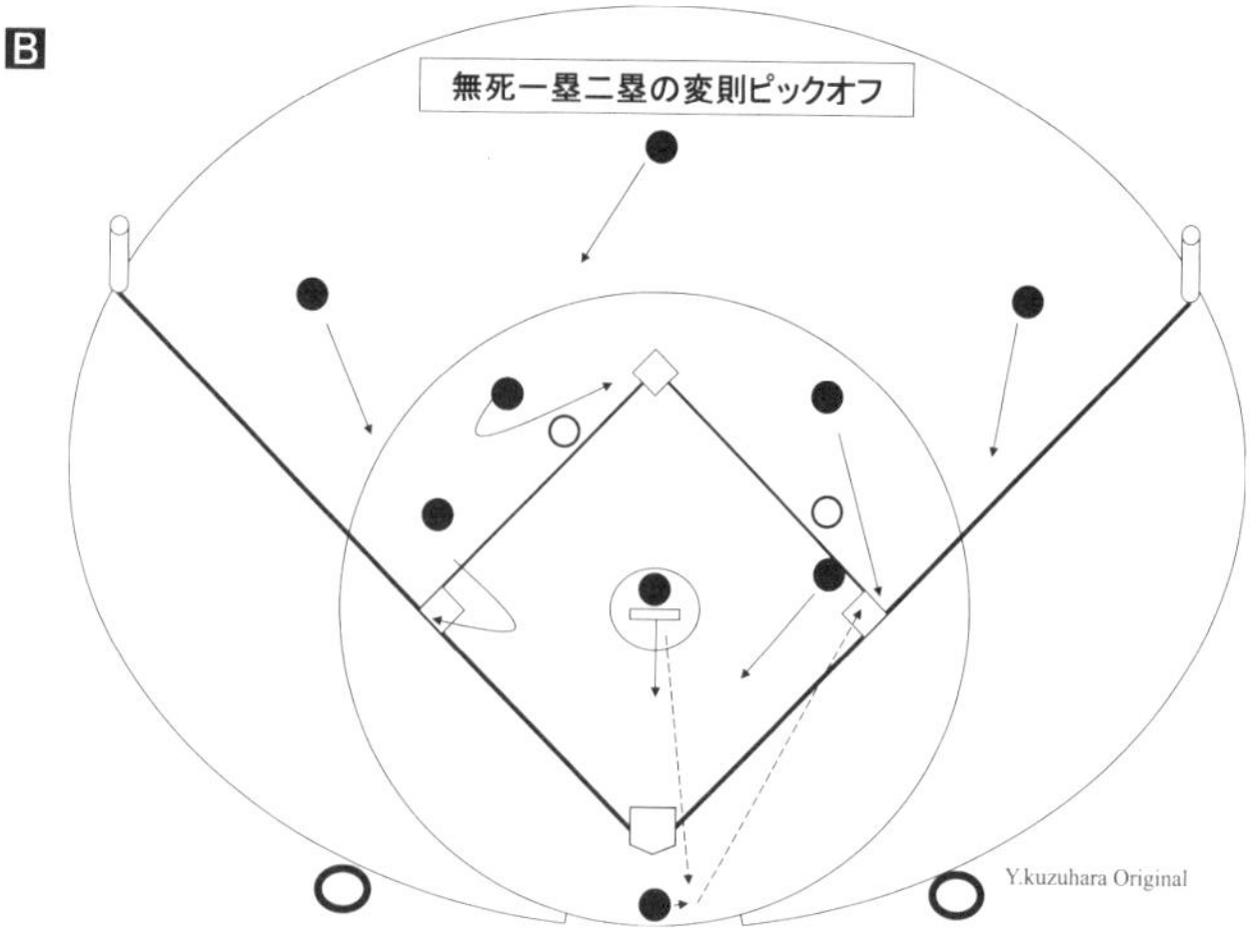

のほうに行くこと。相手に見せるわけです。こうすると、一塁ランナーはたいていとんでもないところにいます」

二人走者がいるためにランダウンプレーでの〝二人殺し〟を狙いたいところだが、状況が状況だけに、まずは一人アウトにすることを優先する。

「アウトをひとつ取れればいい。1アウト二塁にすれば万々歳です。これは誰もやらないでしょう。やるかやらないか。やればアウトになります。実際、試合で何度もアウトにしています」

タイブレークはもちろん、終盤の絶体絶命のピンチでこそ繰り出したい秘策だ。

◉走者一、二塁での誘導型一塁けん制

状況　走者一、二塁

その❶　守備側の作戦

走者一、二塁のときは一塁手がベースから離れて守る。そこに、一塁走者にスキが生まれやすい。そのため、一塁手が後ろから入ってくるけん制が有効だ。健大高崎はもち

ろん、龍谷大平安や強かったときの駒大苫小牧が得意にしていた。ただでさえ狙いやすいこのけん制でも、〝ひと手間〟をかけるのが葛原流だ。

まずは二塁手が二塁ベースに入るそぶりを見せて離れる。二塁手がないと思わせたところでショートが二塁ベースへ入ろうとしたその瞬間、投手は一塁へけん制球を投げるのだ。

「ファーストは普通にベースに入るのではなく、三塁コーチャーや相手のベンチが『セカンド後ろ。離れた。ショート入った、ショート来た』と言ったタイミングで入る。そこで一塁にけん制を放るんです。これは殺せます」

ショートをおとりにする形で二塁走者に注意を向かせることができれば、油断している一塁走者をアウトにできる。一塁手がベースから離れているため、通常よりも大きなリードを取っているからだ。また、二塁手ではなく、ショートをおとりにすることによって、セカンドは守備位置に戻るそのままの勢いで一塁けん制の際のバックアップに行くことができる。

左右どちらの投手でも可能だが、やりやすいのは右投手のとき。三塁手が一塁手の動きを見ていて、「ここ」というタイミングでサインを出せば、投手はずっと正面（三塁手の方）を見ている状態からけん制を投げられるからだ。左投手はけん制の巧拙によりけん制球が速い選手、遅い選手がいるため、意外とタイミングを合わせにくい。

その2 攻撃側の対処

逆に、攻撃側としてこのけん制で刺されないポイントは一塁コーチャー。

走者が一、二塁にいると、二塁走者への指示しかしない一塁コーチャーがたくさんいるが、しっかりと一塁手の動きも見ておかなければいけない。二塁走者に指示をしつつ、一塁手の動きを視界に入れるためには、コーチャーボックスの位置取りが大切。もっとも本塁寄りのライン側に立つ。立ち方は二塁走者に正面を向くのではなく、打者に背中を向けるようにする（写真A）。斜めに向くことにより視野が広がり、一塁手の動きを確認することができる。一塁ランナーが見え

A

走者一、二塁での一塁コーチャーは、打者に背中を向ける形でもっとも本塁寄りに立ち、一塁手の動きをしっかり確認する。

ない死角をコーチャーが補うのだ。

「コーチャーボックスのホーム側のラインは、二塁ベースから6メートルの距離。ここに立つことによって、二塁ランナーにここまでリードで出ろという目安にもなります。さらにバッターに背中を向けて立つことによって、ファーストにオレは見ているぞというポーズにもなる。そのポーズひとつ入るだけでだいぶ違うんです」

一塁コーチャーが一塁手の動きを見ているという雰囲気を出すことによって、相手はこのけん制を使いづらくなる。見られているという心理を利用することで抑止するのだ。これに加えて、一塁手の動きが正面に見える三塁コーチャーからも一塁走者に指示を出せば万全となる。

◉走者三塁で、セーフティースクイズ封じの誘導型捕手けん制

状況　無死、1死三塁
条件　右打者、相手がセーフティースクイズを仕掛けそうなとき

無死一塁で送りバントのケースのとき、一塁手がダッシュして、バッテリーはボールを投げ、一塁ベースカバーの二塁手に送球して一塁走者をアウトにする1－2－4と

いうプレーがある。これは、その逆。三塁バージョンだ。

「今はセーフティースクイズがはやりですからね。サードが『やらせろ』と言って出てくるんです。それによって、相手にはセーフティースクイズを防ぎにくるんだと思わせる。サードが前に出ることによって三塁ランナーも安心して一緒に出ますよね。そこでボール球で外して、ショートが三塁ベースに入るんです。1－2－6ですね」

当然、これにも〝ひと手間〟加える。この1－2－6をやる前に、投手がプレートを外して、山なりの三塁けん制を送るのだ。投手が一塁けん制を投げると二塁手とライトがバックアップに動くが、その反対で三塁けん制を投げればショートとレフトがバックアップに動く。このとき、ショートはバックアップに動いたように見せて5メートルほど三塁ベース寄りに守備位置を変えるのだ。これにより、次の投球で三塁ベースカバーに入りやすくなる。

「この伏線がなくて、ショートが三塁ベースに寄ってくるとわざとらしくてばれます。だから、最初の三塁けん制がミソです。それと、このけん制を入れておくことによって、『みんなわかってるよな』というチーム内での確認にもなるんです」

左打者だと三塁走者がストライク、ボールの見極めができるため、これを仕掛けるのは右打者のとき。外す際はストライクの高さのボール球だ。

「キャッチャーが立ってしまうと三塁ランナーは戻りますから。高さはストライクコースで、スライダーがいいですね」

三塁走者はボールの高さと打者の動きによってスタートするため、ストライクの高さのスライダーが一番バントをしそうに見える。バットを引くのが遅れれば遅れるほど三塁走者が戻るのも遅くなるため、アウトにしやすくなるのだ。

「アウトにできなかったとしても、こういうけん制があるよと見せるだけでもいいかもしれないですよね。セーフティースクイズをやりにくくなりますから」

失敗のリスクを減らしたいのか、監督が責任を取りたくないのか、近年は通常のスクイズが減ってセーフティースクイズが増えている。だからこそ、これができれば抑止策として有効になる。ぜひ練習しておきたい。

◉走者三塁で、セーフティースクイズ封じの一発けん制

状況　無死、1死三塁
条件　左打者、相手がセーフティースクイズを仕掛けそうなとき

無死、1死三塁でセーフティースクイズがある場面。相手が左の非力な打者ならば投手から直接けん制するのも有効だ。バントに備えてファーストとサードがチャージ。三

塁走者が釣られて飛び出したところで投手は三塁にけん制球を投げる。ベースカバーに入るのはショートだ。

「ショートが三塁ベースの近くに行くと、ばれちゃうんで難しいんです。だから三遊間へのゴロが多い非力な左バッターで、ショートが三塁寄りにポジショニングを取っているときとかじゃないとできない。ただ、そういうときにいきなりこれをやると意外とかかりますよ」

三塁けん制のあとや三塁側へのファウルを追ったあとなど、自然と三塁寄りにポジションを変えられる場面を利用してもいい。ばれずに近づいておいて、いきなりけん制を入れる。これがアウトにするコツだ。

◉走者二、三塁での誘導型捕手けん制

状況	無死、1死二、三塁
条件	右打者

バッテリーはピッチドアウトで右打者の外角に外して、前進守備もしくは中間守備をしているショートへ送球。ショートはすぐさま三塁へ送球して飛び出している三塁走者

をアウトにするというプレー（図版C）。

外したボールを捕球する際、捕手が立ち上がると走者は戻ってしまうため、立たずに三塁走者からはストライクに見える高さで外すことが大事だ。さらに、捕手は二塁へけん制を投げると思わせるため、二塁手は二塁ベースにカバーに入る。ショートは守っていた位置にステイで、捕手はそこに投げる。

「あとで一、三塁でショートに投げるセットプレーも詳しく紹介しますが、その応用版です。このプレーでも一度殺していますね」

C

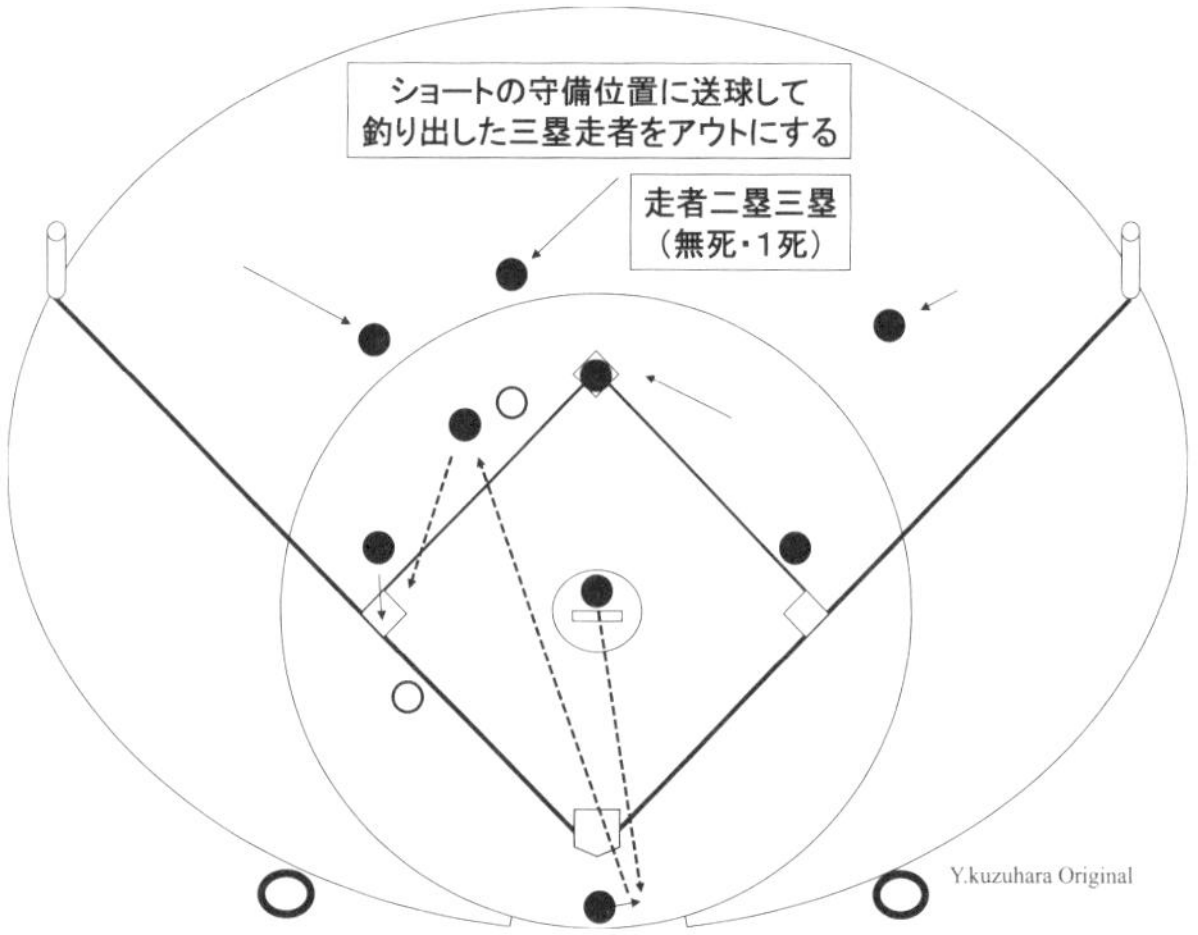

ショートの守備位置に送球して
釣り出した三塁走者をアウトにする
走者二塁三塁
（無死・1死）
Y.kuzuhara Original

◉偽装ピッチドアウトでの三塁けん制

状況　走者三塁
条件　右投手

一塁や二塁と違って、三塁けん制でアウトになることはほとんどない。アウトになるとすれば、ボーク気味のきわどいけん制ぐらいだろう。普通にやってもアウトにならないなら、〝ひと手間〟加える。それが葛原流だ。

走者が三塁にいる場面で、投手がセットに入る。投手の足が上がると同時かそれよりも若干早く捕手がキャッチャーボックスの外に出る。ピッチドアウトを装うのだ。その瞬間、投手は本塁ではなく、三塁にけん制球を投げる。

三塁走者というのは、サインが何も出ていないときに相手がピッチドアウトをすると、「ヘイヘイ、何やってんの」「スクイズなんか出てねーよ」という感じで油断することがある。そのスキを突くのだ。

「キャッチャーが早く立つのがポイントです。外しにくるというモーションをして、三塁ランナーにも相手ベンチにもみんなに外すと思わせておいて、一番いいけん制を送る。そうするとアウトにできます」

何の変哲もない三塁けん制をするよりも、アウトにする確率は1割から2割は上がるという。ひと手間効果だ。

「アウトにできなかったとしても、1ボールも何も損しませんよね。減るもんでもないし、かかったらもうけもんぐらいの意識でやるといいと思います」

たかがけん制、されどけん制。けん制で三塁走者を刺せば大きく流れが変わる。損をしない以上、やらない手はない。

フォーメーション

◉走者一、三塁で重盗を阻止する必殺フォーメーション

状況	走者一、三塁で重盗が考えられるとき
条件	一塁走者が盗塁

その❶　一塁手が一塁走者を追走して瞬殺

中学野球、高校野球で問題になるのが走者一、三塁のときの守りだ。重盗を決められるのはもちろん、一塁走者をフリーパスにしてしまうようなチームでは上のレベルで勝負できない。相手が「最低でも二、三塁にできる」と思っている場面でいかにアウトにできるか。これが流れを変えるプレーになる。

やり方は難しくない。捕手がピッチドアウトのサインを出し、二塁手はカットの位置、遊撃手は二塁ベースカバーに入る。ここまでは一般的だが、ポイントは一塁手。一塁手は、一塁走者が二塁へスタートしたと同時に、一塁走者の後ろを追って二塁方向へ走るのだ。一、三塁での重盗の場合、一塁走者は立ち止まったり、途中でスピードを緩めたりする。それを利用して、一塁手が一塁走者のすぐ後ろにつくのだ。

捕手からの送球を受けた遊撃手、または二塁手が一塁手へ送球して一塁走者にタッチ。挟殺ではなく、送球を受けた瞬間にアウトにすることで、三塁走者にスタートをさせないというプレーだ（図版D）。

「イメージとしては、一塁ランナーと一緒にファーストも盗塁するんです。5メートル後ろを一緒に盗塁していく。何でかというと、一塁ランナーは立ち止まるのがわかっているから。やることがわかっているんだから防ぎにいく。止まった瞬間に瞬殺してしまうんです。もちろん、ピッチドアウトでしか使えません。バッターが打ってきたら終わりですからね」

捕手が高い送球をしたときやギャンブルでスタートを切る場合を除いて、三塁走者は挟殺プレーの間に本塁へのスタートを切るのがほとんど。挟殺プレーをしなければ、スタートは切られない。

「昔は挟殺というのは、若いほう（後ろ）の塁へ追い込めというのが鉄則だったんです。前の塁でアウトにできても、若い塁でアウトにしないと張り倒された（笑）。そんなときに、巨人のV9時代の牧野茂ヘッドコーチが、両方から詰めて真ん中で殺す〝挟み撃ちプレー〟というのを作ったんです」

練習すれば、必ずできるようになるプ

D

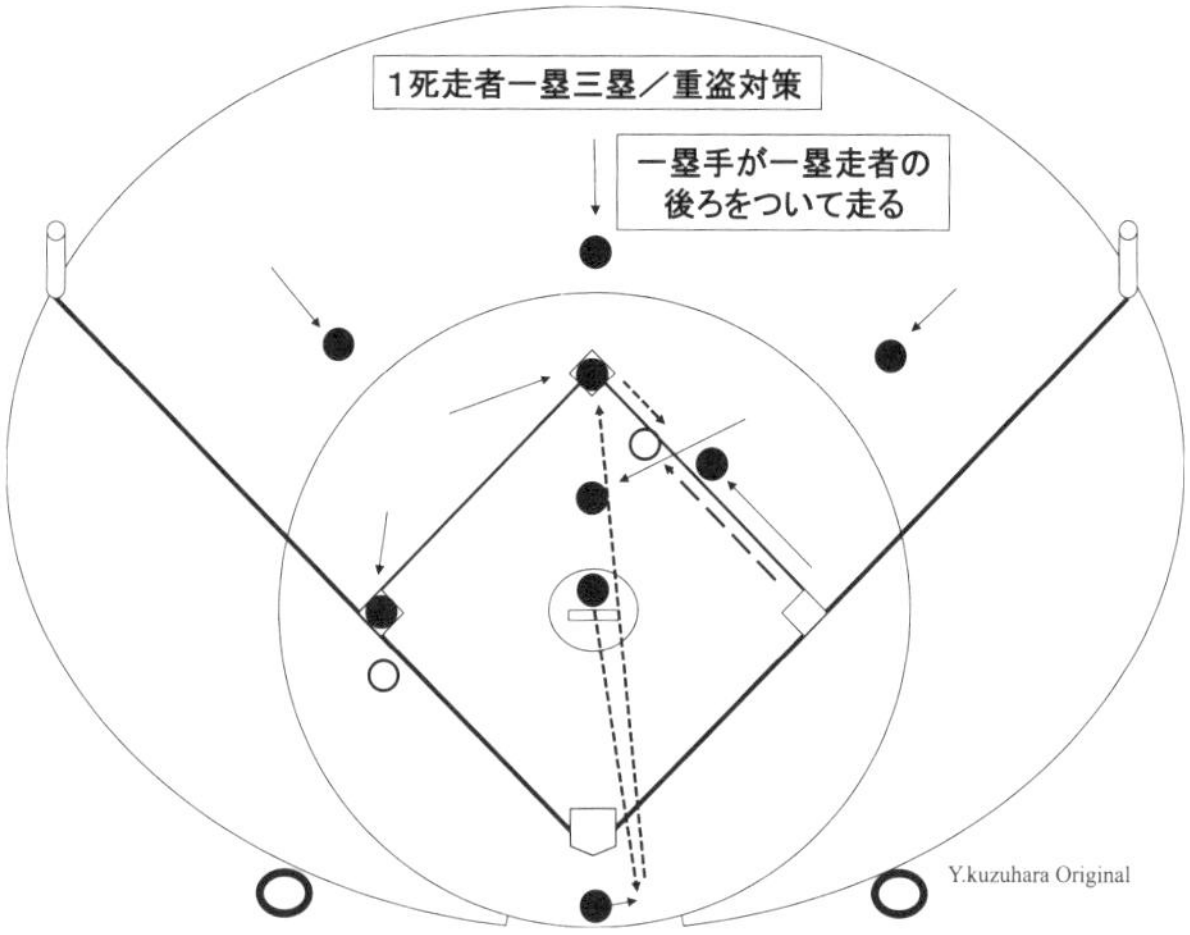
1死走者一塁三塁／重盗対策
一塁手が一塁走者の
後ろをついて走る
Y.kuzuhara Original

レー。一、三塁で守れない、簡単に点を取られてしまうチームは勝てない。絶対にマスターしたいプレーだといえる。

［実例⑮　常葉菊川対秀岳館戦］

このプレーの変型版を見せたのが２０１６年夏の甲子園の常葉菊川。秀岳館戦の７回裏無死一、三塁の場面。一塁走者の木村勇次が、常葉菊川の左腕・落合竜杜のけん制球に釣られて飛び出した。１－３－６とわたり挟殺プレーになるが、一塁手の牧野郁弥はショートに送球した瞬間に一塁走者の後ろを追いかけ距離を詰め、ショートから再び送球を受けた瞬間にタッチしてアウト。三塁走者を動かせなかった。

ピッチドアウトで練習していても、いざけん制で同じ状況になったら応用して使えるように。ひとつのプレーを練習して、似た状況の別のプレーに応用できるか。

機械的に動きだけ覚えていても意味がない。ひとつの練習を、いかに複数の状況に使えるようにしていくか。考えて応用するか。頭を使ってプレーすれば、練習の意味は何倍にもなるのだ。

その2 中間守備の遊撃手に送球して三塁走者を刺殺

ポイントは3つある。ひとつめは、守備位置。二塁手は定位置、遊撃手は中間守備(オンラインあたり)に守る。ふたつめは、二塁手と遊撃手の動き。一塁走者が盗塁をしても、二塁ベースカバーには入らない。そして、3つめは捕手が二塁ベースではなく、遊撃手の守っている場所へ送球するということだ(図版E)。

これには、もちろん理由がある。

「セカンドが定位置で守ることで、キャッチャーからの送球をカットできないと三塁ランナーにあらかじめ判断させます。さらに、ショートがベースカバーに入らないことで、相手に無人の二塁ベースに送球したと思わせることができます」

E

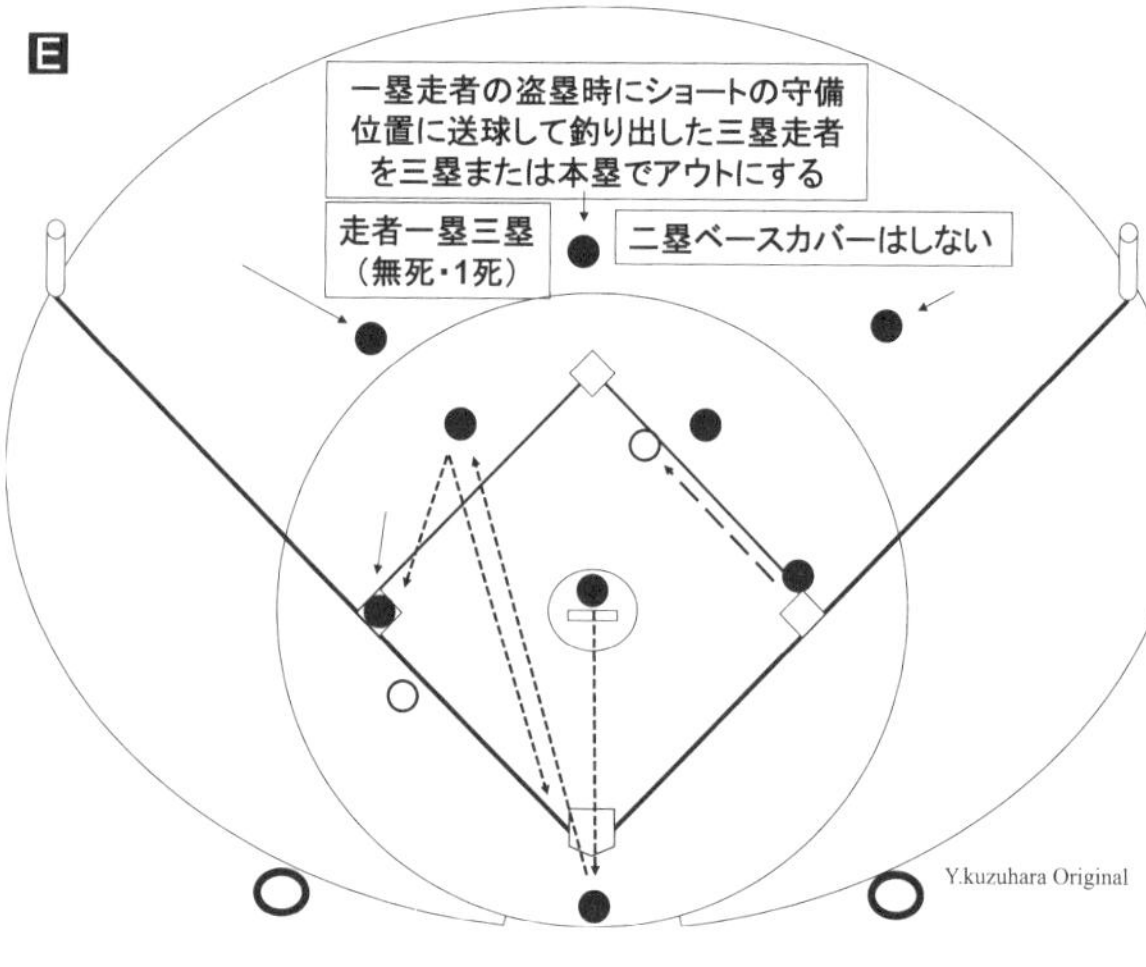
一塁走者の盗塁時にショートの守備位置に送球して釣り出した三塁走者を三塁または本塁でアウトにする
走者一塁三塁
(無死・1死)
二塁ベースカバーはしない
Y.kuzuhara Original

葛原SVが初めてこのプレーでアウトにしたのが杜若監督時代。相手は井手元健一朗（元中日）がいて、夏に甲子園に出場する四日市工だった。その四日市工を率いていたのがいなべ総合の尾崎英也監督。葛原SVとはのちに四日市工でコーチと監督の関係でもあった尾崎監督は、16年夏の甲子園では秀岳館戦の8回表1死一、三塁の場面でこのプレーを披露している（二塁手はゆっくりセカンドベースカバーへ。二盗成功、打者は三振。三塁走者はスタートせず）。

ちなみに、かつて社会人野球でこのプレーの変型版を使っていたのが三菱自動車川崎。三菱自動車川崎ではショートが二塁ベースカバーに入り、セカンドが二塁ベースから3〜4メートル横の一、二塁間のオンライン上へ。そこに捕手が送球していた。当時捕手を務めていたのが山本昌（元中日）の実弟である日大藤沢の山本秀明監督。山本監督はこのプレーの有効性をこう話していた。

「この位置に投げれば、ピッチャーも邪魔にならないし、高投もない。キャッチャーの負担も少ないですしね。ベースに投げるよりも距離も圧倒的に短いので、ベースに投げてアウトのランナーなら、ここに投げてもアウト。ホームまでの距離も近いので、三塁ランナーが走れば前に出ていって殺しにいくこともできます。

いいチームになればなるほど、送球がそれたと思って三塁ランナーが出てくるかもしれない。意図的にここに投げることで、逆に引っかける可能性もあります。基本的にキャッチャーは三塁を見なきゃいけないですけど、三塁ランナーを殺すため、油断させるために見ないというのもありですね。このシフトは左バッターのときにどうするかという問題はありますけど、左だとキャッチャーから三塁ランナーが丸見えなので、意外と（ダブルスチールは）仕掛けてこない。見せておくだけでも効くと思います」

ただ、山本監督がプレーしていた当時と変わって、現在はこのセカンドが入る位置付近に二塁塁審がいる。塁審が邪魔になってやりにくくなってしまったため、ショートに投げるほうがおすすめだ。葛原ＳＶが補足する。

「セカンドだと、三塁ランナーが躊躇して三塁に戻ったときに殺せないんですよね。ショートだと、ベースからちょっと出ているのも、止まったのも殺せる」

二塁手から三塁ベースまでは距離があるため、相手走者に戻る時間ができる。ショートからなら距離も近いうえに、チームでもっとも肩がよく、守備力の高い選手であることが多いため、刺せる確率が高くなる。

特に弱者など、強肩捕手がいないチームは一、三塁にした時点で相手になめられてしまう。余裕を持って攻撃されないためにも、必ず練習しておきたいプレーだといえる。

◉走者二塁のサードゴロで変則ダブルプレー

状況　走者二塁
条件　サードゴロ

走者二塁でのサードゴロ。通常なら、捕球した三塁手は二塁走者を見て、二塁走者を二塁ベース方向へ追い返して一塁に送球。アウトひとつを取る。だが、葛原SVはそれだけではもったいないと言う。

「正面の速いゴロだったら二塁に投げてセーフになっても、バッターランナーを一塁でアウトにできるんです。うまくいけば、二塁ランナーをタッチアウトにして、一塁にすぐ投げてダブルプレーが取れる。追い返すというのが非常にもったいない。投げればアウトになるんです」

このプレーはピッチャーゴロでもできる。

実際、沖縄・興南の我喜屋優監督はずっとこれを提唱している。我喜屋監督の指導論を書いた拙著『非常識』（光文社）より、該当部分を紹介したい。

驚いた。

興南で紅白戦を観ていたときのことだ。無死二塁で打球はピッチャーゴロ。一塁へ送球かと思いきや、捕球した投手はふりむきざまに二塁に送球したのだ。二塁走者の離塁が少なく、二塁はセーフになったが、ショートから一塁へ転送され、打者走者はアウトになった。少しでも離塁が大きければ、併殺というプレー。一般的には考えられない非常識なプレーに映るが、実は興南ではこれがルール。常識になっている。

「ちょっとでも（二塁走者が）リードしたらタッチアウトにするよと。もちろん、ランナーが（ベースに）くっついてたら投げる必要ないよ。でも、そうじゃなきゃパッと投げろと。間に合わなかったら（ベースカバーのショートが）ファーストに投げる。ゲッツーと同じだもん」（我喜屋監督）

一般的には、二塁走者を目でけん制してから一塁へ送球するのが常識で、ひとつしかアウトを取れない。だが、この興南流新常識を採用すれば、うまくいけばふたつアウトを取れる可能性がある。

「今までの日本の教えは（二塁走者を見て）引きつけて戻してファーストに投げろ。でも、それは先入観。絶対おかしいと思った。飛び出してたらもちろん投げるけど、そうでなくても（三塁方向の右足に体重がかかって）傾いてたら戻れないんだわ。それに、ピッチャーゴロに対しては、ショートは自然にセカンドに走る。ひとつの流れで捕って、タッチできる」

二塁走者も、まさか投げてくると思わず油断している可能性もある。だからこそ、やる価値はある。何も考えず、常識を受け入れているうちは進歩はない。常識を疑い、もっといい方法はないかを考える。これこそが、我喜屋流。自分が成長し、新しい方法を生み出す理由なのだ。

我喜屋監督のいうこのプレーは、実際にプロ野球でもあった。

［実例⑯　阪神対巨人戦］

16年4月26日の阪神対巨人戦。阪神が2対0とリードして迎えた4回無死二塁の場面で、北條史也はピッチャーゴロ。投手・高木勇人は捕球してすぐに二塁に送球し、飛び出していた二塁走者の鳥谷敬がタッチアウト。すぐに一塁に転送されてダブルプレーとなった。

このときの鳥谷はすぐに帰塁したが間一髪タッチアウト。投手は二塁に投げるのを習慣にしていれば、アウトにできる可能性は非常に高いと思わせるプレーだった。

◉5-6-3の変則ダブルプレー

状況　無死、1死一塁
条件　左の強打者、バットの先端に当たったサードゴロ

無死、1死一塁のサードゴロで併殺を狙う場合、5-4-3となるのが普通だ。だが、これがやりづらい状況がある。左のスラッガーを打席に迎えている場面だ。打球が強く、引っ張る可能性が高いため、二塁手は一、二塁間寄りの深い守備位置になる。ここからだと、二塁ベースカバーは間に合わない。そこで、ショートが二塁ベースに入るのだ。左のプルヒッターの場合、ショートは二塁ベース寄り（場合によっては二塁ベースよりも右）に守るため、二塁手よりも早く入ることができる。

「今は左のスラッガーが多いですからね。セカンドは定位置より深く守らせるしかないという状況があるんですよ。そうやって守っているときに、バットの先っぽに当たってサードゴロというのはたまにあるんです。そのときに、サードゴロでもショートがピボットマンとなって二塁ベースに入る。送球が背中側から来るから難しいですけど、練習していればダブルプレーを取れます」

このプレーでポイントになるのは、ショートのベースの踏み方。

「ピッチャーゴロで二塁へ投げるとき、ショートは左足でベースを踏んで、ショート側でボールをもらう形が基本なんです。この練習をちゃんとやっていれば、左足をベースについてサードから送球をもらうプレーができます」

背中越しに送球が来るのに、右足でベースタッチしていたら、走者と交錯してしまう。左足でベースを踏んだ状態で送球をもらう練習を、繰り返しやっておく必要がある。

◉走者二塁のバント処理をバックトスで刺殺

状況	無死二塁
条件	三塁前の強いバント

走者二塁での送りバント。三塁前に強いゴロが来て投手が捕球、三塁が間一髪のタイミングという場合にバックトスが有効なことがある。

「バックトスを使うのはセカンドに投げるときだけということはないと思うんです。それこそ、三塁線に強く転がされたときは三塁ベースと非常に近いですから、バックトスを使えば殺せると思うんですよね。右ピッチャーなら、一塁線側に転がったスクイズを処理してホームにトスするときなんかも使える。昔はバックトスなんてやったら『生意気だ』と張り倒されたんですけど、今はいろんな場面で自由自在に使えないとダメだと思います」

投手のバント処理に限らず、不測の事態で「バックトス以外に間に合わない」というケースも出てくる。そのときのために、健大高崎では内野手も全員が練習している。

「バックトスキャッチボールみたいなこともやらせています。距離は短いですけどね」

※バックトスの練習法は第5章P220～228を参照

［**実例⑰　日本対アメリカ戦**］

2015年のU-18ワールドカップ決勝・日本対アメリカ戦。2対0とリードされた日本は6回裏1死二、三塁のチャンスを迎える。打席には津田翔希（浦和学院）。その2球目だった。外角のチェンジアップを捕手のマイケル・アムダイティスが右後方に後逸。すかさず三塁走者の篠原涼（敦賀気比）が本塁に突入するが、ボールを拾ったアムダイティスが本塁ベースカバーの投手、ニック・プラットにバックトス。篠原はアウトになった。

タイミングは間一髪。通常のトスならばセーフだっただろう。

「アムダイティスは瞬時に逆算したんでしょう。普通に下からトスしたのでは間に合わない。上から投げるには距離が短すぎる。それでバックトスを選んだ。バックトスはモーションを起こさずに比較的速い球を投げられます。それに比べて下からのトスは球が緩く山なりになり、速い球を送ろうとすると浮き球になります」

バックトスに慣れているアメリカ人選手らしいプレーが、1点を阻止した。

オーバーラン刺殺

◉打者走者のオーバーラン狙い

その1　走者なし、ライト線シングルヒットの場合

ライト線へのヒットの場合、打者走者は二塁をうかがう姿勢を見せる。通常のライト前ヒットよりも、オーバーランで出る幅が大きくなる。そこが狙い目だ。一塁手はすぐ

さま一塁ベースに入り、ライトは捕球するやいなや一塁に送球する（図版F）。

「ライト線の単打はオーバーラン殺しがやりやすいんです。ライト線というのは、打者走者に対して『大きく出ろ、大きく塁を離れろ』という典型的なケースですから」

ライトは二塁に送球することが多いため、打者走者は油断している可能性が高い。そのスキを突くのだ。

その2 走者なし、ライト前ヒット、センター前ヒットの場合

走者なしの場面でライト前ヒット、センター前ヒット。このときの打者走者も

F

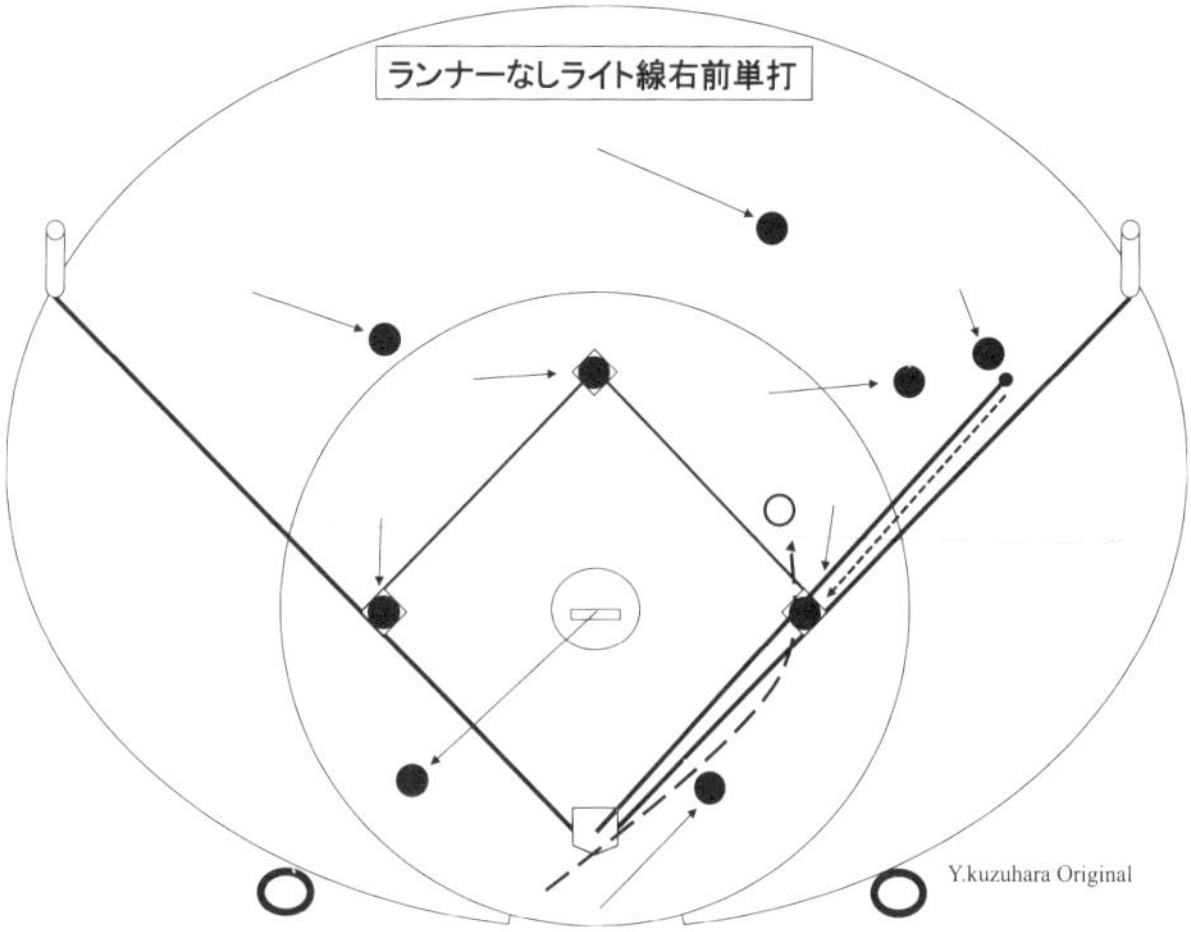

また形骸化だ。二塁を狙おうという意識はないのにもかかわらず、惰性でオーバーランをする。そこを狙うのだ。

ポイントは一塁手。通常ならオーバーラン狙いの送球に備えて一塁ベースに入るが、ここではあえてベースから離れ、打者走者よりも前にいるようにする。視界に入ることによって、「一塁ベースには誰もいない」と油断させるためだ。ここで一塁ベースカバーに入るのが捕手。打者が打つと同時に後ろを追いかけるように一塁ベースへ走る。そこに外野手が遠投で送球するのだ（図版G・H）。

「これは終盤で1点を争うゲームの8回、9回の先頭打者に使うものです。同点の8、9回で先頭打者を出すと、それが致命的な1点につながることがありますから。こういうプレーは初回からやるものではありません。まして、毎回やるようであれば、それはただのスタンドプレー。勝つためにやることではなくなりますよね。もちろん、オープン戦ならどんな場面でやってもいいと思いますよ。練習でね」

もうひとつのポイントは投手。必ず、捕手の後ろにバックアップに走らなければいけない。外野手から一塁へは遠投になる。悪送球になるリスクも大きいからだ。悪送球になった場合、バックアップがいなければ、それこそ命取りになってしまう。忘れないようにしたい。

とっておきの〝スペシャル〟ともいえるこのプレー。実際に東海大会で披露したチー

G

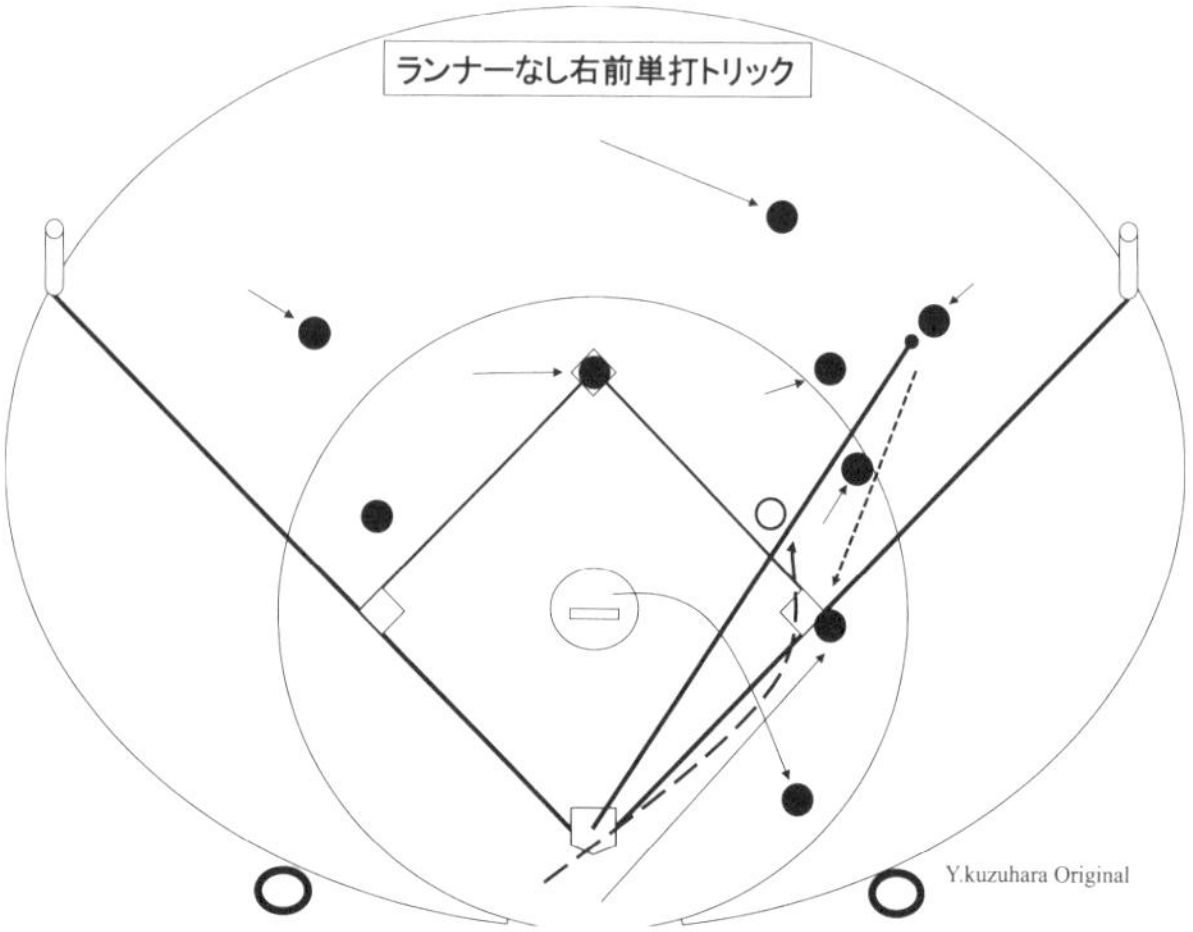
ランナーなし右前単打トリック
Y.kuzuhara Original

H

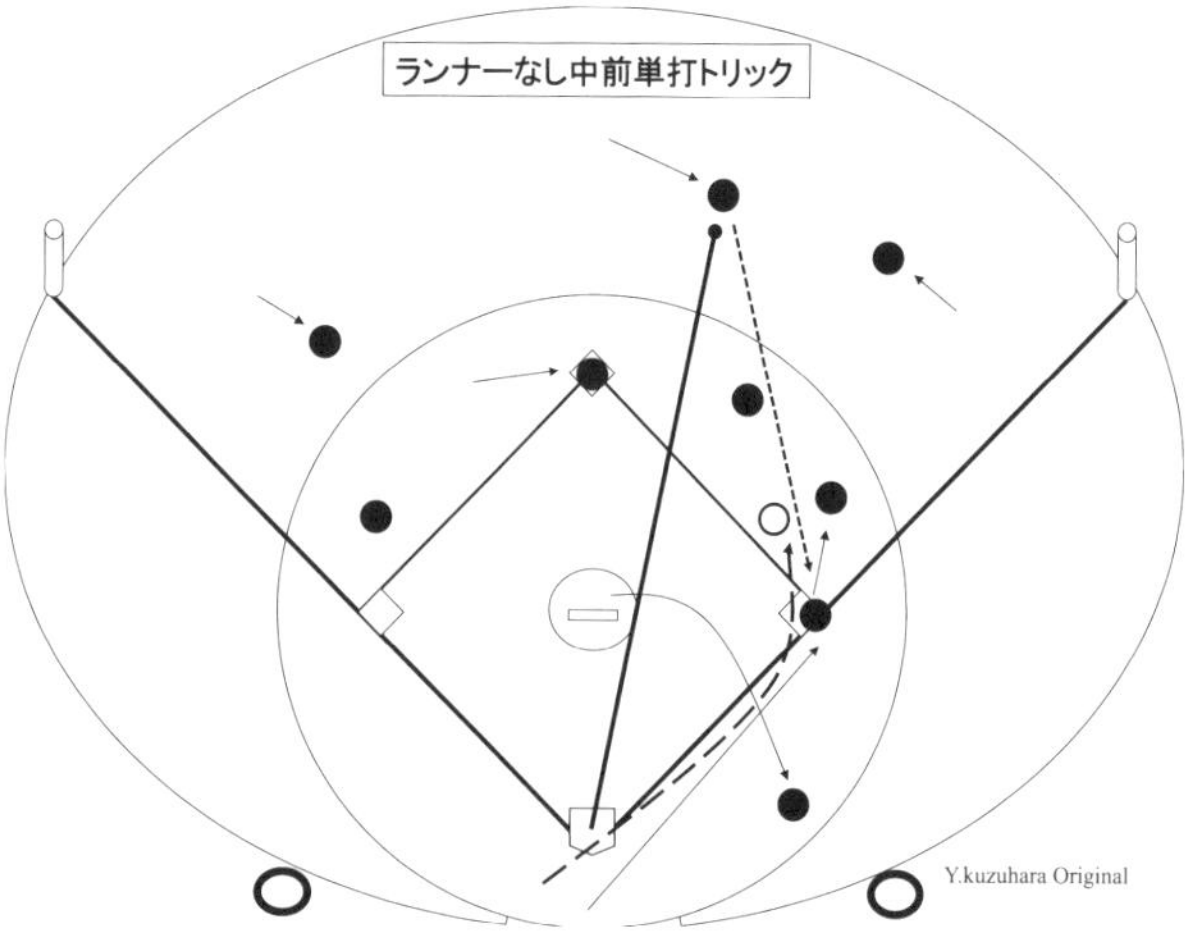
ランナーなし中前単打トリック
Y.kuzuhara Original

ムがある。

［**実例⑱　至学館対多治見戦**］

16年秋の東海大会・至学館対多治見の試合。2対1と至学館リードで迎えた5回表、多治見は1死から一番の山田智也がセンター前ヒットを放った。打者走者が一塁へ走る後ろを一緒に走っていた捕手・井口敦太が一塁ベースに入り、センターの藤原連太郎が一塁に送球。オーバーランしていた打者走者の山田をアウトにした。後ろには投手がしっかりバックアップに入っており、完璧な成功だった。

「誰もカバーに入ってないと思いました。（自分が警戒されていないと思い）二塁に行けると思ったら送球が来た。予想してなくて、スキを突かれました」（山田）

「このプレーは決まると盛り上がります。初めてやる相手とかだと結構決まります。（何で一塁ベースに誰もいないのに投げるのかと）混乱する人が多いですね」（藤原）

至学館としては、練習試合から常にやっている得意のプレーだった。

その❸　走者なし、右中間寄りセンター前シングルヒットの場合

右中間寄りのヒットで打者走者が二塁に行くか行かないか悩むような当たりの場合、

自然と大きくオーバーランをする。これも狙い目だ（図版Ⅰ）。

「このときのポイントはセカンド。セカンドがダミーになって、『こっちへ投げろ。二塁へ投げろ』とやっておいて、センターは一気にファーストへ投げるんです。一塁にファーストが入る普通のオーバーラン殺しだと、このケースが一番殺せますね。オーバーラン殺しで一番アウトにできるのがこれ。二番目に殺せるのがライト線の単打。殺せないけど、ドキッとさせるのはレフト線という順番ですね」

その4
走者なし、レフト線シングルヒットの場合

Ⅰ

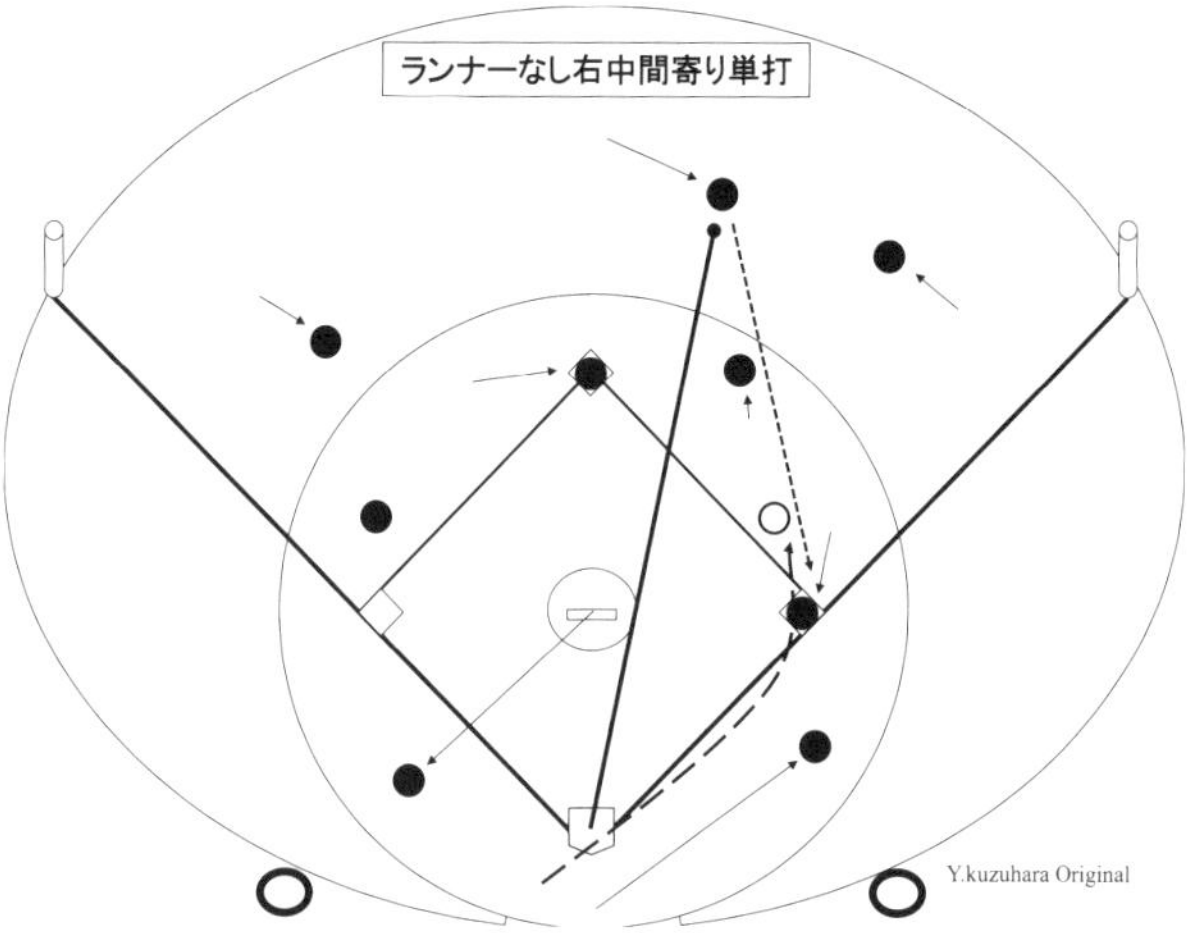

レフト線へのシングルヒットの場合、打者走者はたとえ二塁に行けなくても、他のシングルヒットに比べて大きくオーバーランをする。理由はもちろん、レフトから一塁ベースまでの距離が遠いからだ。通常、中継に入るショートは二塁ベース上にいる二塁手に送球する。そのため、打者走者はまさか一塁に送球が来るとは思っていない。その分、大きく離塁する。そこが狙い目だ（図版J）。

「やっぱり大きく出るというときが一番チャンスなんですよね。このときはショートの中継を使います。ショートはレフトからボールをもらうやいなや、一塁に放る」

距離があるため、なかなかアウトにはならない。だが、葛原SVはそれでもい

J

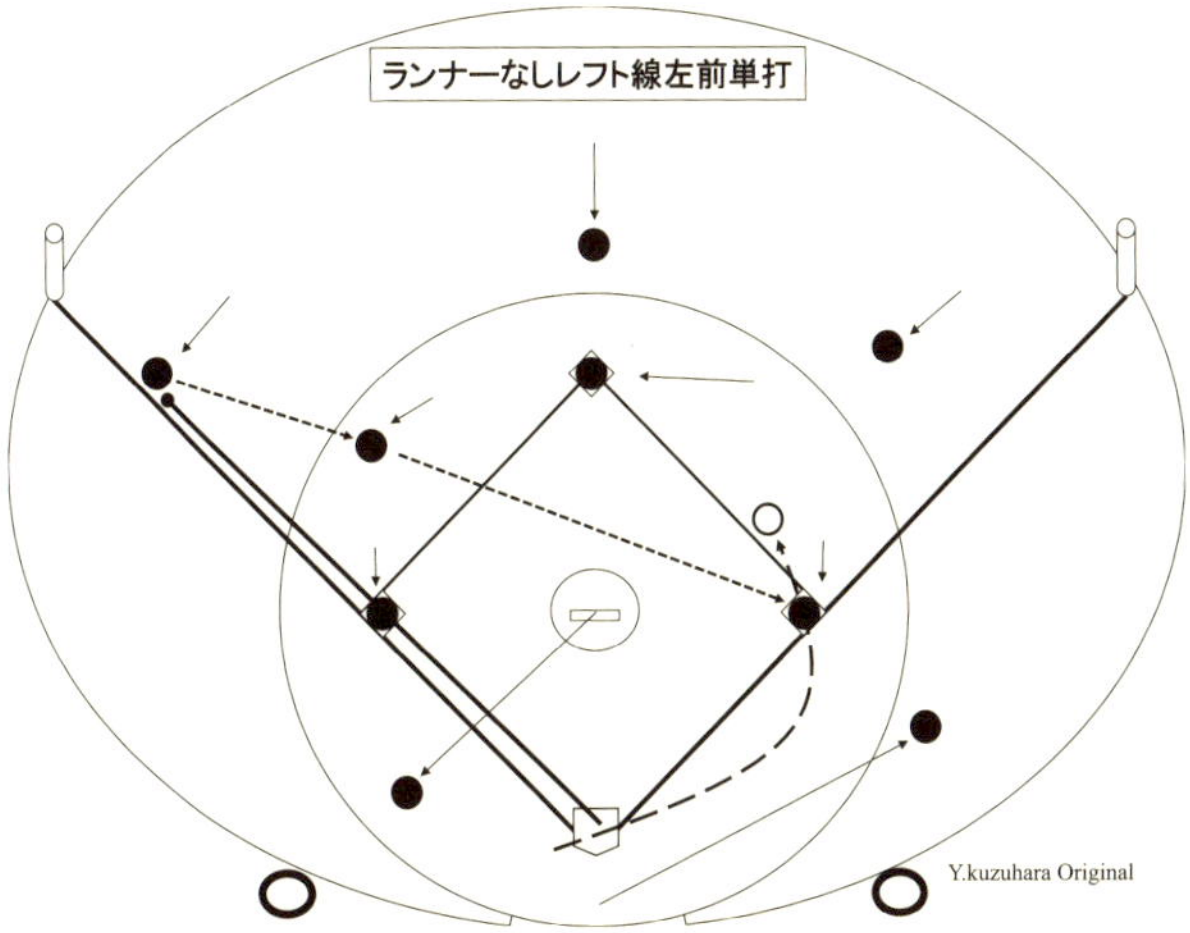

いと言う。

「アウトにはならなくても、ヒヤッとすることはいっぱい出てきます。だから、大きくオーバーランはできなくなる。簡単に出られないなと思わせるだけでも効果はあるのかなと思うんです」

常に大きくオーバーランをされていては、ちょっとしたジャッグルなどで二塁を陥れられることも出てくる。大きく離塁をさせないための抑止効果。これだけでもやる意味はある。

その5 走者なし、左中間二塁打の場合

左中間を破る打球の場合は、二塁手とショートは中継プレーに行く。そのため、あいてしまう二塁ベースには打者走者の触塁を確認した一塁手が、打者走者の後ろを追いかける形で入ることになる。どのチームもやる当たり前のことだが、これもまた形骸化になっている。

「ただ単にやっているだけというのが多いんですよね。実際には、これで打者走者のオーバーランを狙いにいくと、たまに殺せるんです。というのは、打者走者は結構二塁ベースを越えて出ているんですよ。だからといって、出ているのを見てから投げるのでは

もう遅い。出るものだと思って、二塁ベースにいるファーストに投げるべき。必ずやったほうがいいと思います」

一塁手が二塁ベースに来るのが遅いチームもあるため、打者走者は自分のほうには送球は来ないと油断しがち。その分、大きくオーバーランする走者もいる。そこを突くのだ（図版K）。

「ファーストがせっかく一生懸命二塁ベースまで走ってきたとしても、形だけになっているんです。これではつまらないし、見ていると『今投げたら殺せたのに』と思うことが結構あるんですよ。みんなやるプレーですが、実際に殺しにいくプレーはあまり見ない。それがもったいないんです」

何も考えず惰性でプレーをして、アウ

K

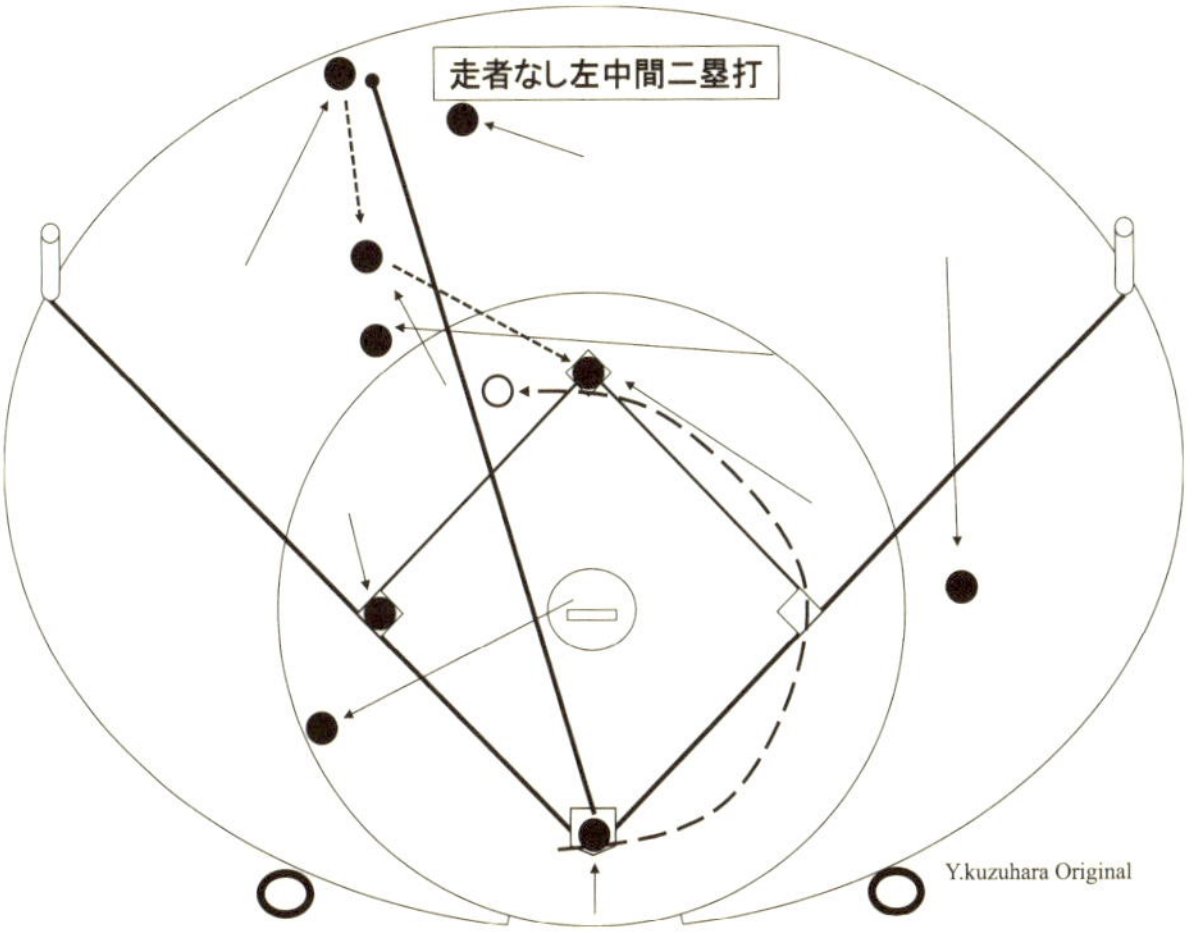

トにできる走者を見逃していないか。守備側は常に殺しにいく姿勢が必要だ。

「そこに投げて終われということですよね。サッカーでいえば『シュートで終われ』というのと一緒で、殺しにいって終われということです」

ただ単に返球するのではなく、常にアウトを狙う送球をする。普段からの意識づけが大事なのだ。

忘れてはいけないのは、送球する外野手と二塁ベースの延長線上にライトがバックアップに走ること。これを怠ると、悪送球した場合に最悪、二塁に到達した打者走者にホームインされてしまう可能性がある。走る距離は長いが、絶対にさぼってはいけない。

その6 走者二塁、ライト前ヒットの場合

状況　走者二塁
条件　ライト前ヒット、三塁コーチャーがストップの指示

走者二塁でライト前ヒット、なおかつ三塁コーチャーがストップの指示をした場合はこんなプレーもある。右方向への打球のため、投手は（特にゴロであれば）一塁ベース方向へ走る。この流れで一塁ベースに入る。ライトからの返球の中継に入っていた一塁

手がおとりになり、一塁手から一塁ベース上の投手へ送球して、オーバーランした打者走者を刺すというものだ（図版L）。一塁手と投手の距離が遠くなければ、バックトスをしてもいい。

「投手が一塁ベースに直接入るとばれます。あくまでもバックアップするふりをして、ランナーの背後から忍び寄ります。大昔、メジャーのコニーマックという監督がこの戦法を駆使しました」

この場合、バックアップが問題になります。もしランナーが三塁を回っていくんだったら、そのランナーに一緒にくっついて、サードが一生懸命走っていく。ちょっと遅れますけど、致命傷にはならない。一塁で殺すのとバックアップが遅れる不利益を考えると、年間通して見れ

L

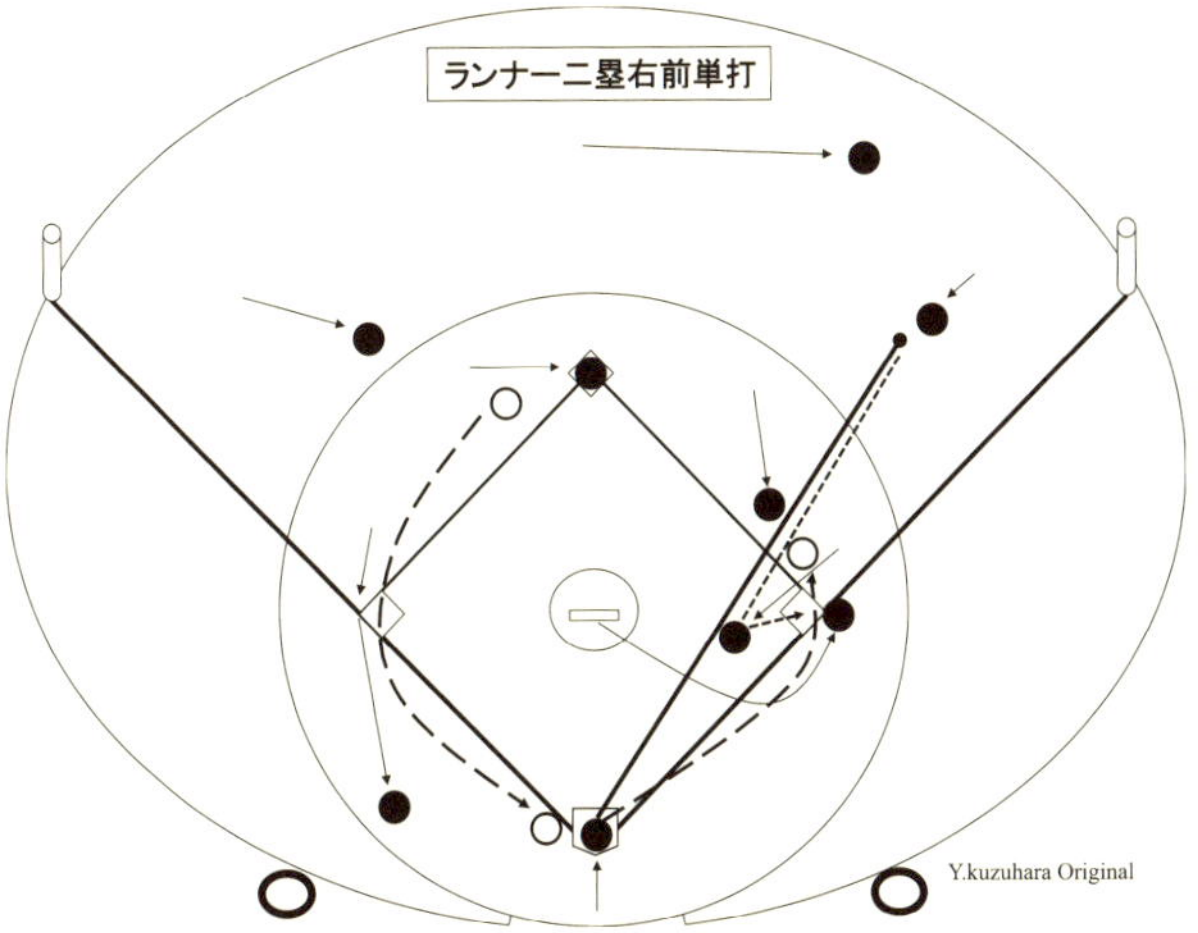

ば一塁で殺す利益のほうがはるかに多いです」

一塁ベースに入った投手の後ろのバックアップもいない（捕手は三塁走者がいて本塁をあけられない）が、この場合は距離が近いため悪送球の確率も低いと考え、割り切るしかない。

「バックアップが手薄になるからベンチはやりたがらないんです。でも、どっちの得を取るかといったらこっちのほうがいいと思います。それこそ、そこにいるはずのない人間がいる。5回に1回はアウトにできますから」

◉塁上の走者のオーバーラン狙い

その❶　走者一塁、ライト前シングルヒットの場合

走者一塁でライト前ヒットの場合、一塁走者は必ず三塁をうかがう。その習性を利用する。

「一塁ランナーは二塁を回って、だいたいタタッと2、3歩出てから止まるんです。ベースでピタッと止まるランナーは一人もいない。そこを狙って、ライトはカウンターア

タックで二塁へ投げるんです。意外と殺せますよ（図版Ｍ）」

　この場合、ライトは中継に入っている近くのセカンドに返すことが多い。直接二塁ベースに送球が来ることは少ないため、走者にはスキができる。また、16年夏の甲子園では走者一塁でヒットエンドランを成功。一塁走者が三塁を狙ってアウトという場面が二度もあった。これは、一塁走者がライトの守備位置や肩の強さを確認していない証拠。「エンドランでライト前ヒットだから三塁には行ける」という思い込みで走っている証拠だ。決めつけや思い込みだけで、ＪＫ（＝準備・確認）ができていない走者が多くいるということは、まさか直接二塁に送球が来るとは思っていない走者も多いとい

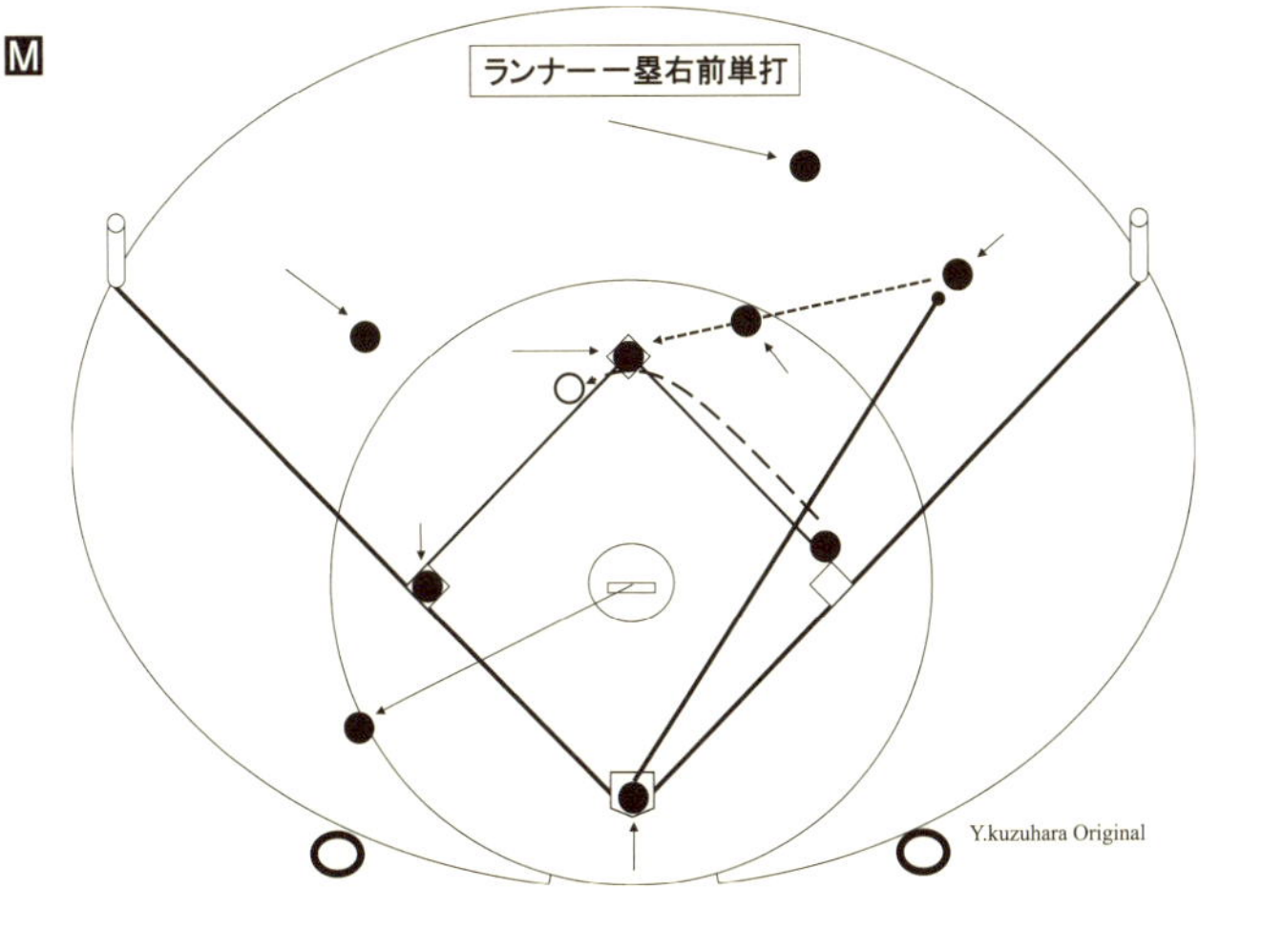

うこと。狙う価値はある。

その**2**　走者二塁、センター前ヒットの場合

状況　走者二塁
条件　センター前ヒット、三塁コーチャーがストップの指示

走者二塁でセンター前ヒット。しかし、三塁コーチャーからストップの指示が出た場合、ランナーはストップする。ここでも確実に二塁走者はオーバーランをしている。そこで、守備側がストップの指示を利用する。このときショートが中継プレーを装っているところに、三塁手が三塁ベースに入り、センターがダイレクトで三塁に送球するのだ(図版N)。

「三塁コーチャーがストップとやっていれば、ランナーは止まるんですから。でも、コーチャーにストップと言われても、ベースの上で止まるランナーは一人もいません。そこで、ランナーがオーバーランした瞬間にセンターがダイレクトで三塁ベースに投げるんです。もうカウンター攻撃ですね。

あとでレフト前ヒットの場合も説明しますが、意外とレフトよりセンターからのほう

がかかります。本当にハゼ釣りのようにかかりますよ。センター前だと距離が遠くてランナーは油断してますし、それこそ、思ってもいないところから送球が来ますから」

三塁コーチャーがストップをかけているので、バックホームはない。必然的にセンターは近くにきた中継のショートに返球する。これが全員の常識になっているため、二塁走者は平気でオーバーランをする。

このプレーで注意したいのがバックアップだ。走者二塁でシングルヒットの場合、投手は捕手の後ろへバックアップに走るのが習慣になっている。ところが、このプレーの場合は三塁へ直接投げるため、捕手の後ろに行っていると三塁の後

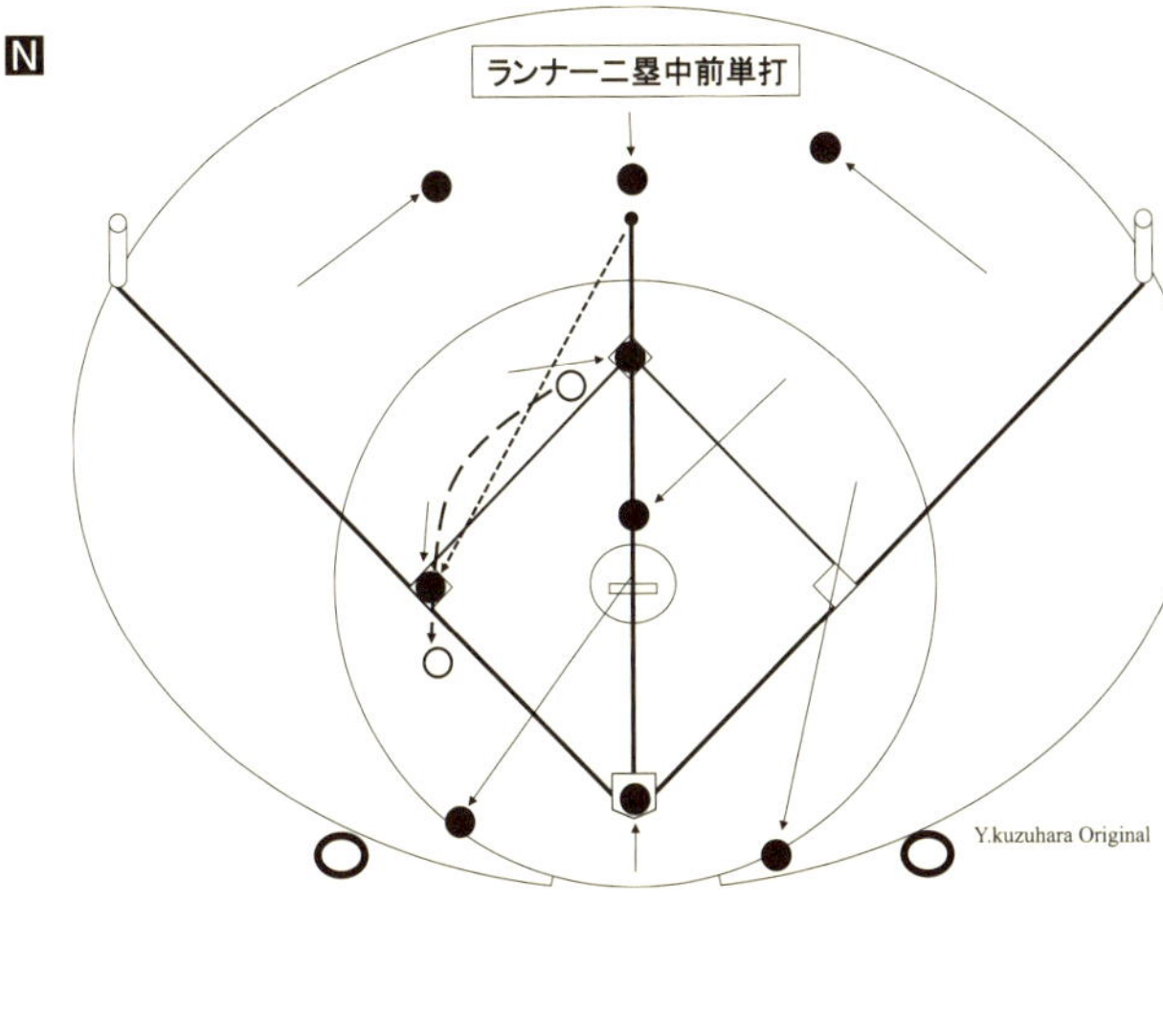

ろが無人。センターが悪送球した場合、失点につながってしまう。

「ピッチャーは一目散にキャッチャーの後ろに行ってはダメなんです。三塁とホームの間に降りてきて、コーチャーが回していたらキャッチャーの後ろ。止めていたらサードの後ろ。三塁コーチャーの動きを見ていないとダメですね」

打者走者に大きくオーバーランされるのを承知のうえで、一塁手も捕手の後ろにバックアップに行くほうがいい。打者走者の二塁進塁よりも、防ぐべきは失点だからだ。野手が通常と異なる動きをするということは、他の選手が決まりきった動きをしていると手薄な部分が出てくるということ。それを考えてバックアップに行く場所を考えなければいけない。

その❸ 走者二塁、レフト前ヒットの場合

状況　走者二塁
条件　レフト前ヒット、三塁コーチャーがストップの指示

走者が二塁にいる状況でのレフト前ヒット。レフトの守備位置が深かったり、レフトの肩が極端に弱かったりということがない限り、当然のことながら三塁コーチャーがス

トップの指示を出し、たいてい二塁走者は三塁でストップする。

「このときは、サードが三塁ベースから大きく離れて、中継に入っているように装う。三遊間の打球ならショートは打球に反応しますから、その流れでそのままショートが三塁ベースに入る。そこにレフトがダイレクトで三塁ベース上のショートに投げるんです（図版O）。レフトからは距離が近い分、ランナーは1メートル出た時点、極端にいえば1歩出た時点でも引っかかります」

普通ならレフトは、二塁走者の目の前にいる中継の三塁手に返球するため、油断してオーバーランをしている。通常であれば三塁ベースには誰もいないからだ。

だが、このプレーもセンター前のとき

O

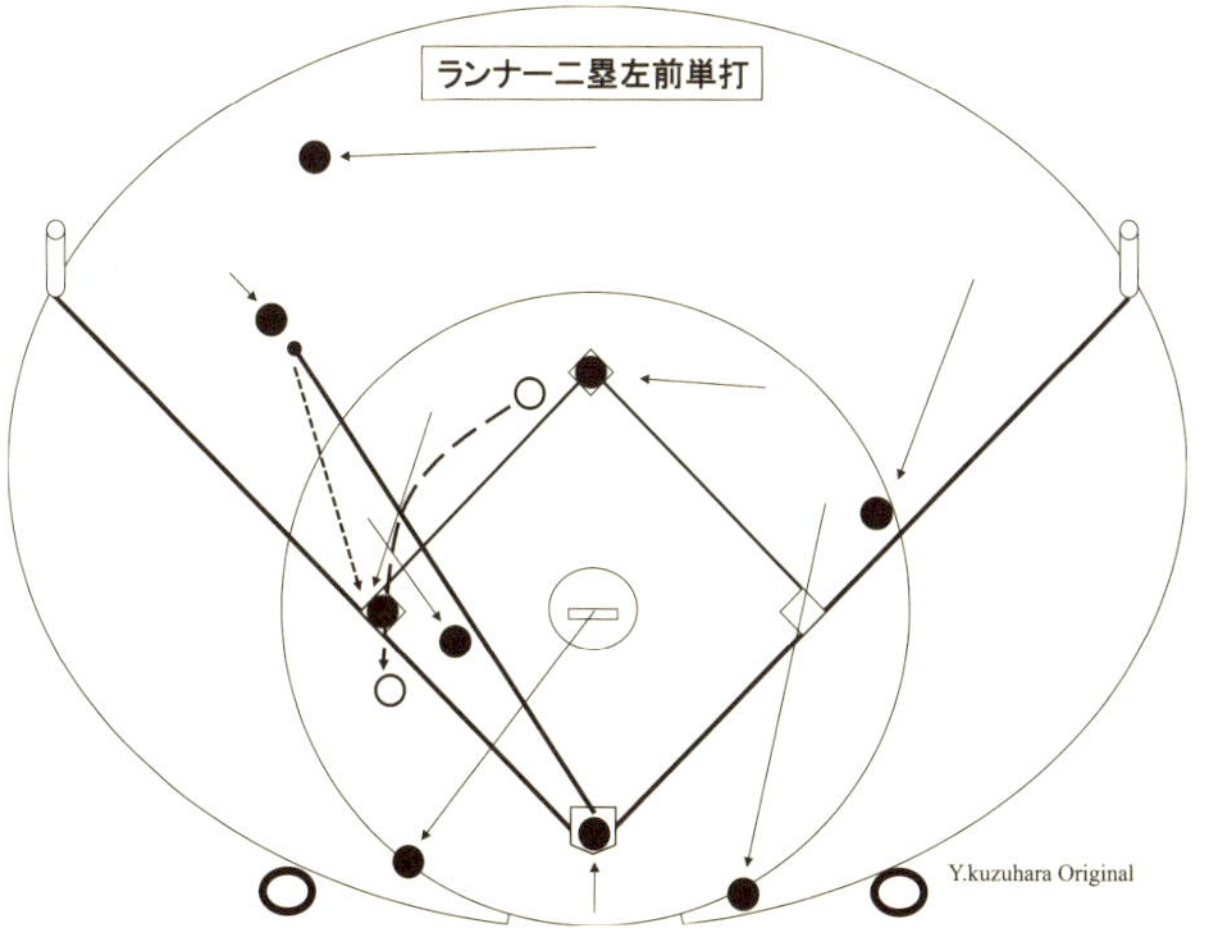

と同様、バックアップを忘れないようにしたい。

背水の陣

◉究極のタッチアップトリック

状況　走者三塁
条件　絶体絶命の局面、完全に犠牲フライになるような外野フライ

「この1点を取られたら終わり」「どうしてもこの1点はやれない」というときにやる究極のプレーだ。走者を三塁に置き、外野の深い当たりなど「まず犠牲フライになるのは間違いない」というとき、普通に捕球しても点数を取られてしまう。

そこで、外野手は捕球するタイミングをずらすのだ。落下点に入り、普通に捕る構えをしていて、直前にしゃがんで捕る。これによって、三塁走者のタッチアップをフライングにさせるのが狙いだ。

「ばかばかしいかもしれませんけど、それが決勝点になるんだったら、何もせずにただ死ぬのは嫌ですよね。だから地面すれすれで捕る。それでランナーが0・1秒でも早く出て、アピールできればいいですよね。ただ負けるのではなく、何か生きる道を見つけなきゃダメだと思います」

勝負はあきらめたら終わり。ほんのわずかでも可能性があるのなら、最後まで手を尽くす。できることを考える。何もせず、指をくわえたまま失点するのは勝負師とはいえない。

「100パーセントタッチアップされるような深い外野フライで、タッチアップされてサヨナラ負けになるんだったら、腹ばいで捕ってもいいと思います。一世一代のプレーですよ。そのぐらい私はやってほしい。極端な例を出せば、サヨナラスクイズをやられて手で処理しても絶対に間に合わないなら、サッカーをしてもいい。ボールを蹴ってもいい。それがキャッチャーミットにスポーンと行くかもしれないんですから。何もしないで負けるんだったら、何かしてほしいんです」

ボールを蹴ることはルール上、問題ない。要するに、それぐらい最後まであきらめない姿勢を見せてほしいということだ。たとえそれが0・00001パーセントの確率であったとしても、できることをやる。その意味で、お手本になるのがイチロー（マーリンズ）だ。

［実例⑲　フィリーズ対マーリンズ戦］

16年9月16日のフィリーズ対マーリンズ戦。3対3で迎えた延長13回裏、フィリーズは1死満塁とサヨナラのチャンスを迎えた。ここで代打・ジミー・パレデスの打球はライナーでライト前へ。イチローはこれをワンバウンドで捕球すると、バックホーム。返球が届く前に三塁走者は本塁を駆け抜け、捕手は捕球すらしなかったが、イチローの送球はノーバウンドで右打席付近に到達した。

打った瞬間、フィリーズベンチも観客もサヨナラを確信して大喜び。守っている野手もあきらめていた。おそらくライトがイチローでなければ外野手は打球処理すらせず、白球はフェンスまで転がっていっただろう。あのグラウンドで、唯一、あきらめていなかったのがイチローだった。本塁へどんなにいい返球をしても、捕手はすでに捕球する気はなかったが、それでも懸命に投げた。最後の最後まで自分ができることは100パーセントやりきる。準備を絶対に怠らないイチローならではのプレー。生で観ていたが、サヨナラで盛り上がる他の観客とは別のところで震えるような感動があった。

葛原ＳＶが求めているのも、このときのイチローのような姿勢なのだ。

「どうせ負けるんでも、それでも何かないかと思うのが勝負だと思うんです。ホームランを打ったバッターが、ホームベースを踏むかどうかを見ろというのが野球なんですからね」

昔の野球人たちは、必ず走者の触塁確認をするように教えた。ところが、近年は技術の発展と反比例するように基本を怠るようになっている。甲子園でも触塁確認を徹底しているのは常総学院、静岡など数チーム。1大会に1チーム程度しかない。面倒くさいことだが、大事なこと。ほとんどは無意味に終わるが、絶対にやったほうがいいこと。それが触塁確認だ。甲子園でも実際に踏み忘れた例がある。

［**実例⑳　横浜対関東一戦**］

12年センバツの横浜対関東一の試合。2点リードされた横浜は5回裏、1点を返し、なおも1死一、三塁の場面でセーフティースクイズ。三塁走者の尾関一旗がホームインしたかに見えたが、捕手・松谷飛翔が「ベースを踏んでいない」とアピール。球審の窪田がベース空過を認めて三塁走者はアウト。渡辺元智監督の猛抗議も受け入れられず、幻の同点スクイズになった。

「（触塁確認は）中学の頃からの習慣です。いつも見るようにしています」（松谷）

写真で見ると尾関のかかとがホームベースに触れているように見えるため、ネットなどで大きく話題になったが、ホームベースは真ん中を踏むのが基本。審判が踏んだのを確認できる場所を踏まなかった走者のミスであり、よく見ていた捕手のファインプレーだった。

［**実例㉑　高岡商対八重山商工戦**］

06年センバツの高岡商対八重山商工の試合。2点をリードされた高岡商は5回表、1点を返してなおも2死満塁のチャンスに五番の北田大祐がセンター前に抜ける当たり。二者が生還して逆転と思われたが、三塁手の羽地達洋が「二塁走者が三塁ベースを踏まなかった」とアピール。記録は三塁での封殺となり、野球規則7・12『2死後（中略）第三アウトがフォースアウトの形をとったときには、他のすべての走者が正規に本塁に触れていても、その得点は認められない』によって三塁走者の生還も認められず、逆転打が幻になった。

「ベースを踏んでないのは普通に見えました。（ベース空過のアピールアウトは）これまでにもあります」（羽地）

「三塁踏み忘れなど今まで見たこともない」（高岡商・宮袋誠監督＝当時）

決して悪あがきではない。非難されるようなことでもない。最後までできることをやりきる。勝負をあきらめない姿勢が、奇跡を呼ぶのだ。

◉初球ストライクを稼ぐ偽装敬遠

終盤の接戦。あと1点が勝負を決める、決勝点になるというような緊迫した場面。どうしてもスクイズをされたくないときに使う作戦だ。

「そういう場面では、やっぱり有利に進めたいんですよね。たかが1ストライクなんですけど、1個ストライクがあると、2回外せるんです。1ボールから入るのと、1ストライクから入るのとでは、天と地ほど違ってくるんです」

絶対にストライクがほしい。だが、相手が打ってくる可能性もある。スクイズしてくる可能性もある。どうやって確実にストライクを取るか。そこで思いついたのが偽装敬遠だった。

「キャッチャーが立って、一塁を指さして、敬遠というジェスチャーをしていれば、スクイズのサインは出るわけないだろうと。立ち上がって『敬遠ね』とやっていて、そこから座ってど真ん中に投げて1球目にストライクを取る。キャッチャーが立っているから、ベンチも『待て』と言うに決まってますからね」

そこでボールになってしまえばそれまでだが、打たれることもなく、スクイズされることもなく、確実にストライクを取る方法がこれなのだ。

実は、これと似た作戦を甲子園でやった監督がいる。福井商の北野尚文元監督だ。

［**実例㉒　仙台育英対福井商戦**］

08年夏の甲子園・仙台育英対福井商の試合。4対6とリードを許した福井商は7回裏2死二、三塁のピンチを迎える。ここで打席には一番の橋本到（現巨人）。初戦の孤野戦では西勇輝（現オリックス）から5打数5安打の大当たり。この試合でも二塁打を含む2安打1四球。甲子園に来て8打数7安打1四球と当たりに当たっていた。

初球ストライクのあと、捕手の中村悠平（現ヤクルト）が立ち上がる。2球目、3球目と続けてピッチドアウトしてカウント2－1。敬遠と思わせたところで一転、4球目からは勝負に出た。

「まともに勝負はできませんし、一塁があいているから歩かせてもいいという指示をしました。ところが、1球目にストライクが入った。それでも、橋本君ですから勝負したら打たれるだろうと。そこで、敬遠と見せかけて勝負したんです。2－2になったあとは、ボール球を振らせる。振ってくれなかったらフォアボールで仕方ないという考えで

すね」（北野監督）

4球目はストライクで2－2。このあと、橋本は3球ファウルで粘るが、8球目を打ってファーストゴロ。北野監督の奇策は成功した。

「敬遠と思いました」とは橋本。「敬遠と見せかけて相手の不意を突く。監督さんの采配が的中したと思いました」とは中村。北野監督は「一か八かですよ。練習試合でもやったことありません」と言いながらもニンマリだった。

第4章

考

守備隊形・基本編

◉基本守備隊形5パターン

守備隊形といえば、前進守備、中間守備、定位置の3つが定番だ。だが、葛原SVは3つでは足りないと言う。

「今の野球、特にウチのやっている野球では3種類では対応できません。5種類です」

前進守備、オンライン守備、中間守備、定位置、最深守備の5つだ（図版A）。

「前進守備はバックホーム隊形です（図版B）。絶対にホームを踏ませない。オンラインよりも前進します。オンライン守備というのは、バックホームプラスゲッツーです（図版C）。例えば1アウト一、三塁で打球によってはゲッツーを取りたい、ゲッツーが無理な場合はホームに投げるというときに使います。中間守備は完全にセカンドゲッツー隊形ですね（図版D）。私が気になるのは、本当の中間守備の位置をわかっていない人が結構いるということ。オンラインの位置を中間守備と思っている人がいますが、そ

A

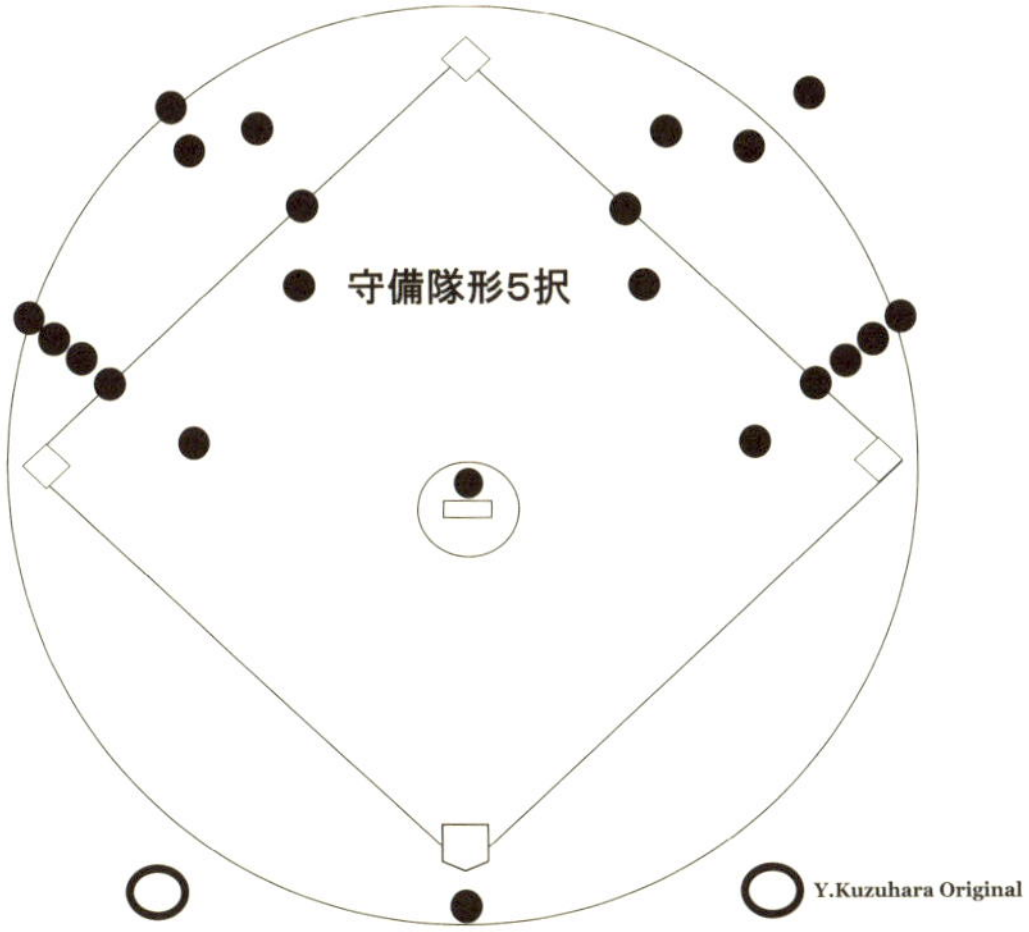

B 前進守備

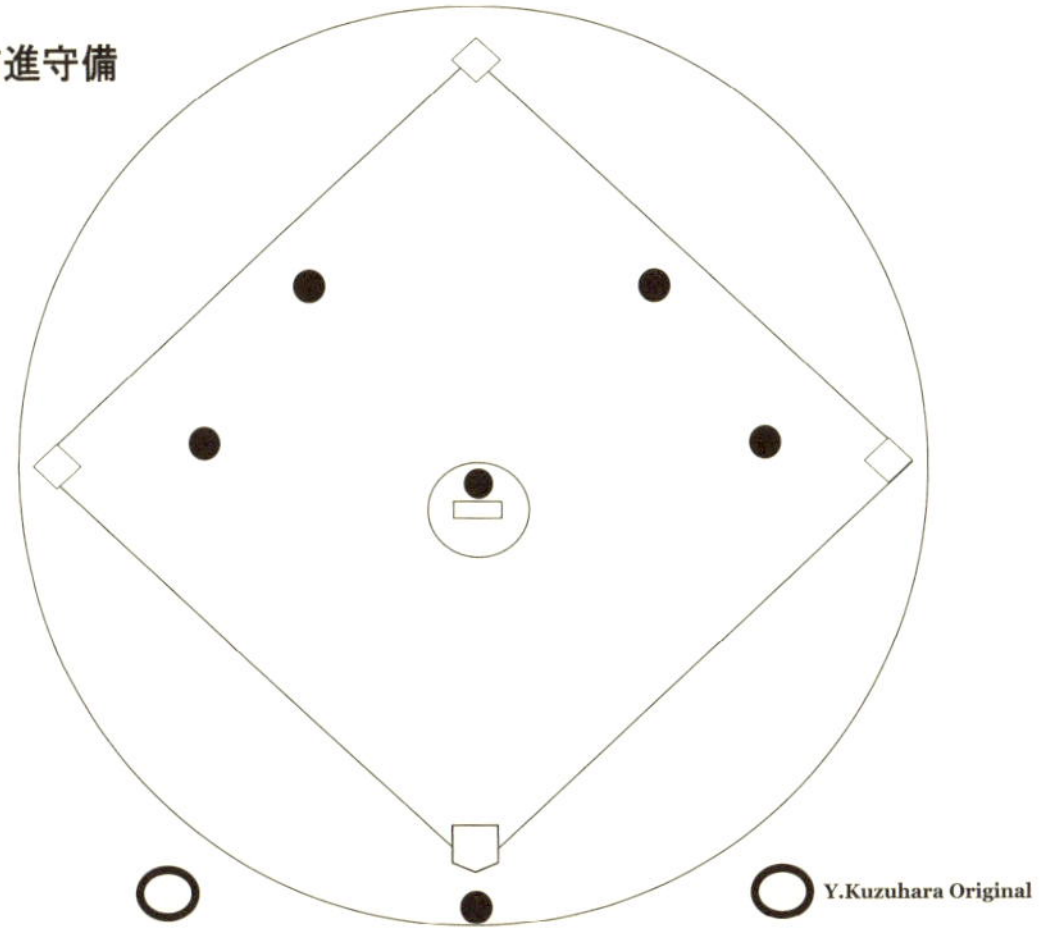

C オンライン守備

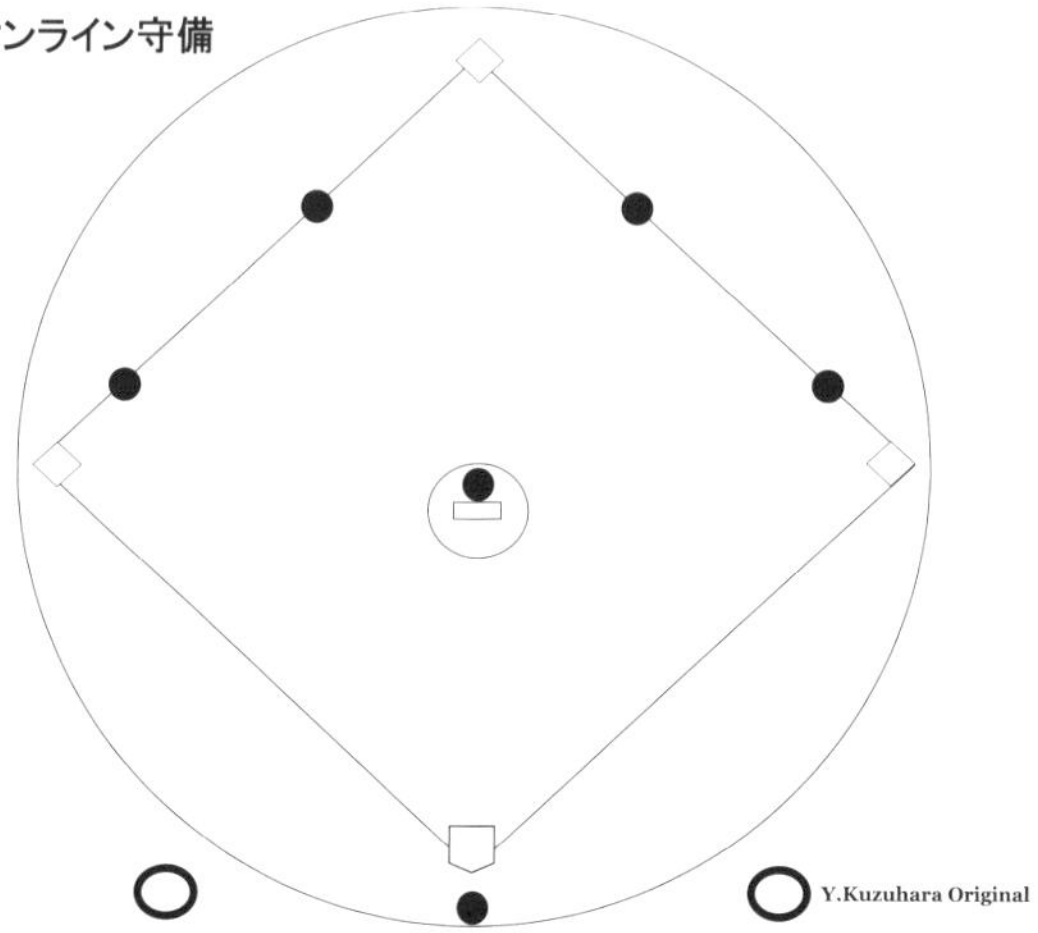

D 中間守備

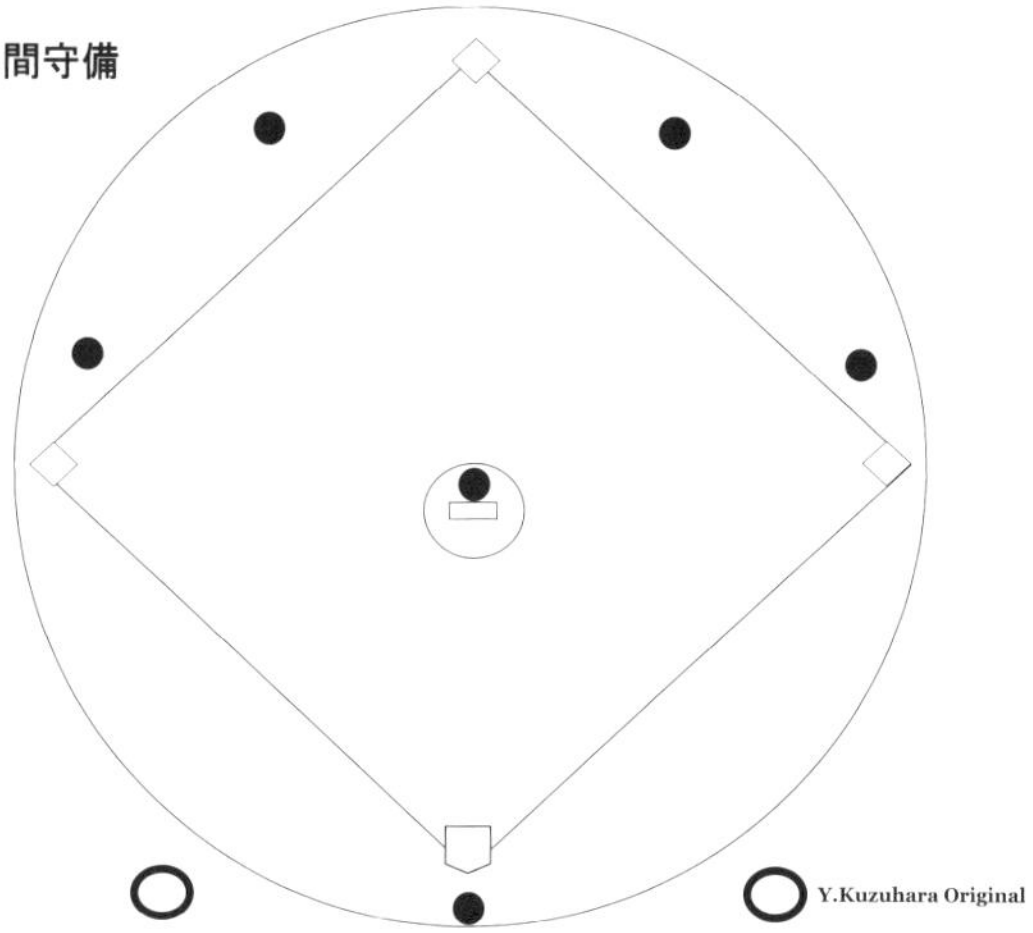

うではない。定位置とオンラインの間の位置を中間守備と言うんです。定位置は（内野と外野を分ける）芝の切れ目より2～3メートル前で守る、ランナーなしのときの基本隊形です（図版E）。最深守備というのは野手能力の限界の隊形です。芝生の切れ目から2～3メートル後方。要注意打者に対する深い守備ですね（図版F）」

健大高崎は実際に最深守備の変形版を甲子園でも披露している。15年夏の甲子園・創成館戦。四番・鷲崎淳を打席に迎えたときだ。極端な引っ張りの左打者のため、内野手は全体的に右に寄り、深め。サードはショートの定位置あたり、ショートは二塁ベースよりも右側でさらに芝生を踏むか踏まないかという深め。二塁手は芝生の切れ目から約3メートル後方で完全に芝生の上にいる。一塁手もライン寄りで芝生の切れ目に近い深めだ（図版G）この守備隊形通り、この試合では一塁ゴロと二塁ゴロが飛んだ。

近年の高校野球は技術が上がり、プロ注目の強打者が金属バットで放った打球の速さや強さは並大抵ではない。13年夏に明徳義塾が大阪桐蔭の森友哉（現西武）を打席に迎えたときも、ヒット性の打球を芝生の上で守っていた二塁手がさばいてアウトにしたが、これからは最深守備が不可欠になってくるはずだ。

高校野球を観ていると、「なぜ、この場面でそこに守るのか」と首をかしげたくなることがよくある。監督がゲームプランを立てて試合に臨んでいればいいが、たいていは

E 定位置

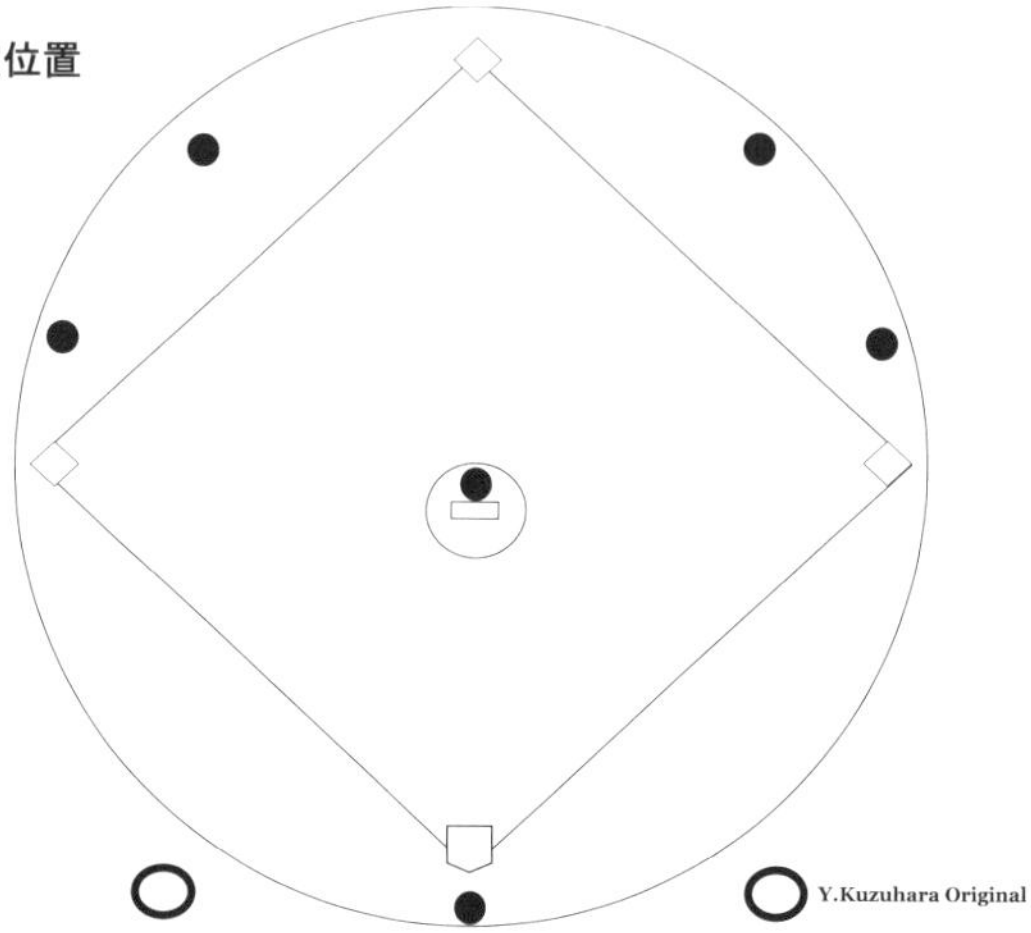

F 最深守備

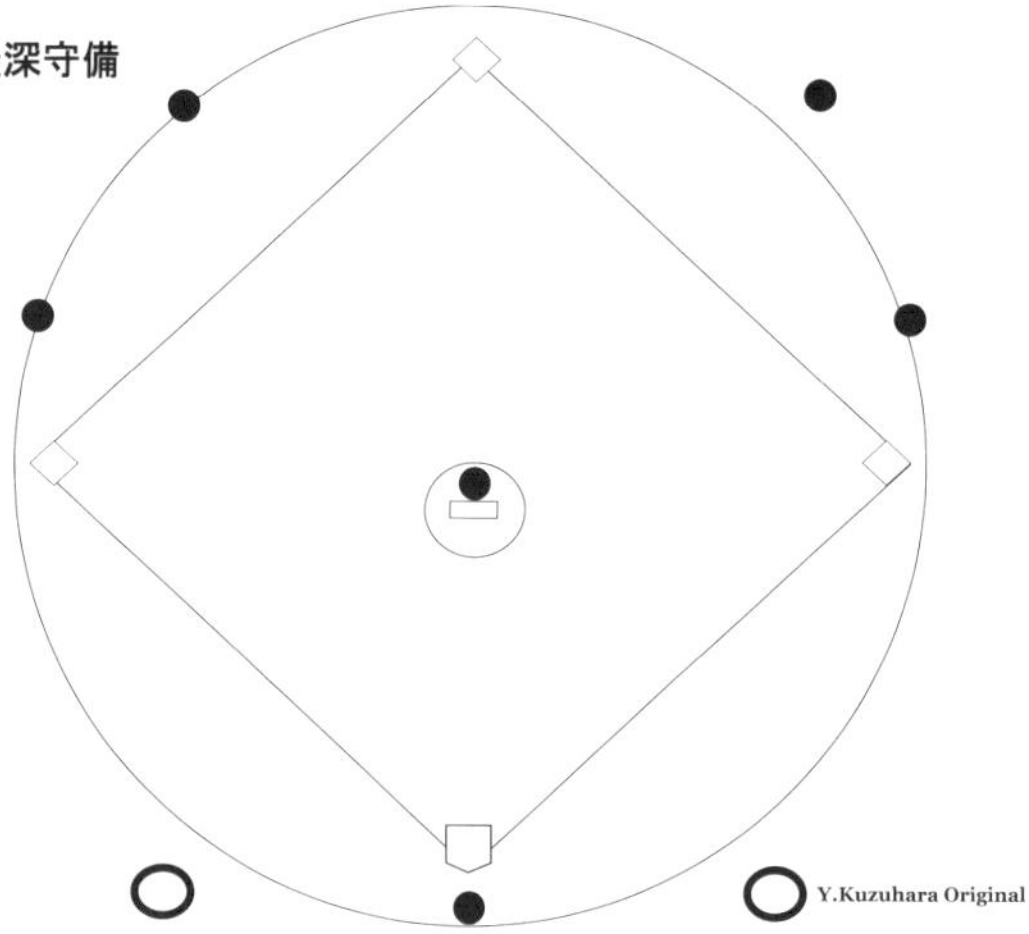

目先の1点にこだわった守り方であることが多い。そういうことがないよう、健大高崎では、守り方のマニュアルを作っている。

「ウチの場合は、点差とイニングによって、前半、後半に分けての守備のマニュアルを作っています」


まずは試合序盤から紹介する。

「ゲームの前半に主眼を置くことは、ゲームを壊さない、大量失点を防ぐことです。前半にビッグイニングを作られてしまうと、そのあとは作戦らしい作戦を立てることができなくなってしまいますから。目先の1点を恐れるあまり、大量点を失うのは賢いとはいえないですよね」

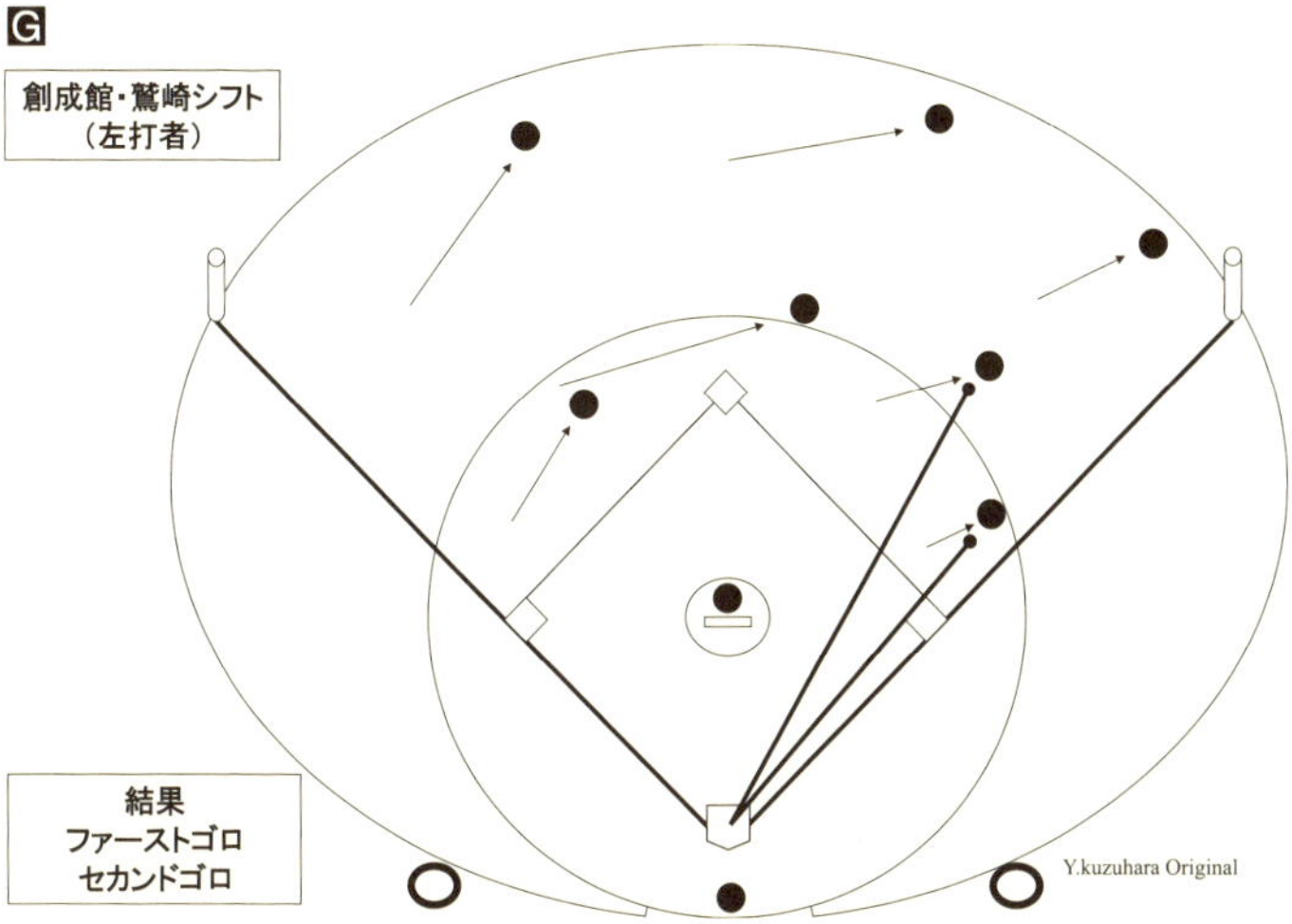

すべて、アメリカでは100パーセント前進守備をしない場面だ。

ところが、日本ではプロ野球でも前進守備をすることが珍しくない。16年の日本シリーズ第6戦でも初回無死三塁で広島が前進守備をしていた。「得点を取る」ことを目的とし、1点でも多く取ったほうが勝ちというのがアメリカ。「失点を防ぐ」ことを目的とし、1点でも少なく守ったほうが勝ちというのが日本。近年は高校野球でも打力が上がっているが、守り方の考え方は変わらないままだ。

◉試合序盤の無死、1死三塁の守備位置

「まず無死三塁の場合は定位置、もしくはファーストとサードのみ中間守備で、1死三塁の場合は中間守備をとります。

◉試合序盤の無死、1死二、三塁の守備位置

無死二、三塁は定位置。1死二、三塁なら中間守備で、内野ゴロならば基本的に1点

◉試合序盤の無死、1死満塁の守備位置

は献上するが、打者と走者の状況によってはバックホーム。単打なら1点はやっても、二塁走者は簡単に生還させない。

無死、1死満塁なら中間守備で、セカンドとショートは二塁でのゲッツー、ファーストとサードはホームゲッツーです。この場合でもサードが三遊間寄りでゴロを処理したときと、ファーストが一、二塁間寄りでゴロを処理したときは二塁でのゲッツーを狙います。ほしいのはふたつのアウト。そのために最少失点を惜しむなと教えています。

前進守備をしていると、強い打球で野手の間を抜かれるのはもちろん、大きくバウンドするゴロが内野手の頭を越えたり、詰まったフライが内野手の後方に落ちたりして、二塁ランナーまで生還させてしまいます。だから、ウチは安易に前には守りません。

試合の前半、3回まではやっぱりゲームにすることを第一に考えないといけないと思います。初回に5点とか入ってしまうと、それこそしらけますからね。この考え方は当たり前だと思うんですが、意外とそうでもない。この場面で前進守備をするのは甲子園でもよく見ます。日本では、後ろに守るのをすごく恐がりますよね」

実際、甲子園で健大高崎が、相手の前進守備の恩恵を受けた試合がある。

［実例㉓　健大高崎対藤井学園寒川戦］

15年夏の甲子園の健大高崎対藤井学園寒川戦。0対0で迎えた3回表、健大高崎は無死満塁のチャンスを作る。ここで寒川内野陣は前進守備。一番・春日優馬の打球はショートへの詰まったゴロだったが、前進守備のショートは横っ飛びするも捕れずセンター前に抜けるタイムリーヒット。ここから二塁打2本を含む3安打や失策などで一挙8点が入った。

後ろに守っていれば楽々6－4－3のダブルプレー。1点は入るものの2死三塁となり、この回を1、2点で抑えることができたはずが、1点を惜しんだために試合を決定づけるビッグイニングになってしまった。

寒川は二度目の甲子園で全国大会未勝利の学校。だからだろう、と思う人もいるかもしれないが、そうではない。甲子園でも、いくらでも例がある。

［**実例㉔　藤代対大垣日大戦**］

14年夏の甲子園の藤代対大垣日大の試合。1回表、藤代が1死満塁のチャンスを迎える。ここで大垣日大は前進守備。五番・小林慧太の打球は二塁後方への詰まったフライだったが、セカンドの後ろにポトリと落ちるタイムリーヒットになった。

併殺狙いの中間守備で守っていればセカンドフライという当たり。やはり、「やってもいい」と思って取られた1点と「やってはいけない」と思って取られた1点はダメージが異なる。気落ちした大垣日大はこのあと、死球、安打、ランニング本塁打などで一挙8点を失った。

「大垣日大の打線は全国でもトップクラス。ウチは100パーセントチャレンジャー」と藤代の菊地一郎監督が言っていたように、戦力は圧倒的に大垣日大が上。実際、初回の8失点をはねのけて大垣日大が12対10で逆転勝ちしている。

序盤に1、2点やっても十分に逆転できるチャンスはあるにもかかわらず、1点を惜しんだ前進守備で大量失点をしてしまった。大垣日大の阪口慶三監督は甲子園出場30回を数え、37勝を挙げている大ベテラン。名将といわれている監督でも、1点をあげる余裕はなかなかないものなのだ。

◉試合序盤の無死、1死一、三塁の守備位置

同様の考え方で、一、三塁のときも前進守備は敷かない。

「中間守備でダブルプレー狙いです。ノーアウトの場合でもゲッツーを取って、最少失点でとどめようということです」

次に、試合後半を紹介する。

◉試合後半の無死、1死三塁の守備位置

無死のときは同点、またはリードを許している場合と1点リードのときは前進守備。2～3点リードしているときは中間守備。4点以上リードしているときは定位置。1死のときは同点、またはリードを許している場合と1～2点リードのときは前進守備。3～4点リードしているときは中間守備。5点以上リードしているときは定位置。

「当たり前ですよね。特にリードしていたら定位置というのは。でも、やらないところはやりませんよね」

◉試合後半の無死、1死二、三塁の守備位置

基本的には中間守備をとる。2点リードしていて、二塁走者が同点の走者となる場合は、定位置。1点しかリードしていない場合は前進守備で同点を阻止する。一塁があい

ているため、状況によっては満塁策も考える。

「結局、前進守備にすると二塁ランナーが三遊間までリードできてしまうので、ポテンヒットでも2点入ってしまうんですよね。だから、二塁ランナーが何点目のランナーなのか、その点数がどんな意味があるかを考えることが必要。後ろに守って1点入っても、2点目はやらないという守備はやるべきなんです」

◉試合後半の1死一、三塁の守備位置

1点リードしているか、1～3点のリードを許している場合は前進守備を敷き、得点を許さないようにする。

「1点リードを逃げ切りたいのはもちろん、ゲームの後半ですから次の1点が致命的になるということで前に守ります」

2点リードしている場合は、中間守備で二塁での併殺を狙う。

「一塁ランナーが同点のランナーになりますから、セカンドゲッツーです。同点のランナーが得点圏に行かないようにという意味もあります」

特にこれが9回であれば、あとふたつのアウトで勝利できる。その場合は、なおさら

三塁走者は無視していい。三塁走者は透明人間と考え、1死一塁と同じように守るということだ。点を取られるのが嫌なのか、負けるのが嫌なのか。どちらを優先するかは火を見るより明らかだ。

「何を目指してやっているのかといったら、9回が終わって1点勝っていればいいということです。だから、『○点までは取られてもいいいんだぞ』と思ってやるのが9回の野球です。ただ、そうやって『○点まではいいぞ』というふうに守っているチームは見ているとあまりないですけどね。『そっちのランナーは関係ないだろ』というほうにけん制球を投げたりしてますから」

この9回における考え方は、攻撃側にも当てはまる。大量リードされた終盤、「あと○アウトで負ける」という場面にもかかわらず、強引な走塁で無駄死にしてしまう走者が多いのだ。

16年夏の甲子園決勝の作新学院対北海の試合では、1対7とリードされた北海の二塁走者の井上雄喜が9回裏2死一、二塁の場面で、投球がワンバウンドになったのを見て三塁にスタート。タッチアウトで試合終了になった。

10年夏の甲子園のいなべ総合対福井商の試合では、0対6とリードされたいなべ総合の一塁走者・代走の水谷圭助が9回表1死一塁の場面で盗塁を試みて失敗した。

いずれのケースも、イニングと点差を考えれば、100パーセントセーフにならない限り走ってはいけない場面。走る必要のない場面だが、この類の走塁死は枚挙に暇がない。

「同じようなことでよくあるのが、同点の9回2アウト満塁、あと1点取れば勝てるという場面で、勝敗に直接関係のないランナーがセカンドけん制やファーストけん制でアウトになること。守備側からすれば、ある意味、満塁が一番殺しやすいですよね。それは生徒にもいつも言っています」

守備隊形・応用編

◉最終回の1死一、三塁の守備位置

同点で表の守備の場合、中間守備で二塁での併殺を狙う。

「絶対にゲッツーを逃してはいけない。とはいえ、当然、ゲッツーが取れない緩い打球の場合はホームに送球して失点を防ぎます」

同点であっても勝ちを急いではいけない場面だ。だが、強豪校でも意外とこれができ

ない。一、三塁ではないが、同じ併殺のケースをひとつ紹介する。

［実例㉕　帝京対八幡商戦］

11年夏の甲子園の帝京対八幡商の試合。3対0と帝京リードで迎えた9回表だった。八幡商は1死から3連打で1死満塁。打席には四番の坪田啓希という絶好のチャンスを迎えた。ここで帝京内野陣は3点リードにもかかわらず前進守備をとる。坪田の打球は強い当たりのショートゴロ。これをショートの松本剛（現日本ハム）がはじいて（記録は失策）1点。なおも1死満塁から五番・遠藤和哉がライトスタンドへ満塁本塁打を放って八幡商が大逆転劇を演じた。

松本に確認すると「中間気味で守った」と言うが、明らかに浅く前進守備。後ろに守っていれば、正面の強い打球だったため併殺打で試合終了だった。前田三夫監督は「ショートのエラーが痛かった。あれであわてましたね」と言ったが、ここは3点リード。二塁走者まで得点されても勝てるため、1死一塁のゲッツー態勢で守るべきだった。

「1点もやりたくなかった。自分のミスで流れが一気に変わってしまった」（松本）

あげてもいい1点という余裕があれば勝敗は変わっていた。

同じ1死一、三塁同点の場面でも、カウントがフルカウントになった場合は一塁走者の自動スタートにより併殺が難しくなるため、前進守備に変更する。

「フルカウントとそうでないときとは、まったく状況が違ってきますよね。それを考えて守らないといけないということです」

同点で裏の守備の場合は基本的に前進守備で、打者が鈍足の場合のみ中間守備で併殺を狙う。

「ここは意見が分かれる場面ですが、三塁ランナーがサヨナラのランナーですから、基本は一塁ランナーを無視して前進守備で1点を防ぎます。バッターの足が遅くゲッツーを狙える場合は中間守備です」

打者は鈍足ではないが、甲子園でこの守り方をしたチームが実際にある。好左腕・田嶋大樹を擁してベスト4に進出した14年センバツの佐野日大だ。

［実例㉖　佐野日大対明徳義塾戦］

14年センバツ準々決勝・佐野日大対明徳義塾の試合。5対5で迎えた延長10回裏、1死満塁の場面で守る佐野日大は中間守備を敷いた。明徳義塾・森奨真の打球は二塁ベースすぐ左への痛烈なゴロ。これをショートの竹村律生が横っ飛びで好捕すると、自ら二塁ベースを踏んで一塁に送球。併殺でサヨナラ負けのピンチを逃れた。ちなみに、このときの初球は前進守備。ファウルとなった2球目に中間守備に変更していた。
「初球から中間守備の指示だったんですが、声援で聞こえなかった。相手の打力を考えて前進守備はリスクが高いと思いました。中間守備が功を奏しましたね」（佐野日大・松本弘司監督）
前進守備をしていれば、間違いなくセンター前に抜けていた当たり。守備位置のファインプレーだった。

◉1点を争う試合の終盤、一塁手と三塁手の守備位置

一塁手と三塁手は、ライン際を抜かれて二塁打になる打球を警戒する。特に2死一塁の場合、この打球で一塁走者に長躯生還されるのを防ぐ。当たり前といえば当たり前。セオリーともいえる考え方だ。どの走者が大事で、どの走者を還さないように守るのか。必然的に長打警戒のシフトになる。健大高崎ではBチームの試合でも徹底しているが、プロでも見落とすことがある。

［**実例㉗**　日本対韓国戦］

15年のプレミア12準決勝・日本対韓国の試合。日本が3対0とリードして迎えた9回表だった。無死から則本昂大が連打を浴び、一、二塁。ここで鄭根宇の打球は三塁線へのゴロ。決して会心の当たりではなかったが、サードの松田宣浩は併殺狙いで三遊間寄りの守備位置にいたため、打球はレフト線を破る二塁打となって日本は失点した。

このあと、則本はさらに死球を与えて降板。無死満塁でリリーフした松井裕樹が押し出し四球で1点差。なおも無死満塁のピンチが続き、増井浩俊が李大浩に逆転の二塁打を打たれて、日本は痛恨の逆転負け。ポジショニングミスから流れを失った。

あとアウト3つで勝利。3点差。最高の結果であるゲッツーよりも、最悪を考えて守る必要があった。

健大高崎では攻撃時のサインは青柳博文監督が出すが、守備時のシフトやポジショニングなどは責任教師としてベンチ入りしている生方啓介コーチが担当している。役割分担をしっかりすることで見落としをなくすことが狙いだ。

守備時はどうしてもバッテリーに目がいきがち。特に外野手の守っている深さなどは確認できない場面が多々見られる。点差や場面によってどう守るのか。基準となる約束事を作ったうえで、さらにベンチから守備位置を確認する。これが勝てる試合を落とさないために必要な準備になる。

◉外野守備のルール

その❶　無駄な送球で得点圏に走者を進めない

「外野手の主な役割は、同点または勝ち越しのランナーをできるだけ三塁でとどめること。そして無駄な送球で得点圏にランナーを進めないことです」

外野手としては当然の心得だが、意外となおざりになっている。

「2アウト二塁の単打で間に合わないバックホームをして、打者走者が二塁へ進む。そのランナーが決勝点につながるなんてことはよくありますよね。多くの場合は、強肩を見せるとみんなワーッと喜んで、そのことに対して非難する人はほとんどいないんですよ。『素晴らしい肩ですね』と言う人もいるぐらいで」

無駄なバックホームを続ければ、永遠に得点圏に走者を置き続けることになる。だが、それを忘れてバックホームでいい球を投げたいとしか思っていない外野手が多い。これは、強豪校で肩の強い外野手に見受けられる。

「肩を見せたくてしょうがない。投げたくてしょうがない選手がいるんですよね」

バックホームだけではない。例えば、センター前のシングルヒットのとき。打者走者が何も考えずにルーティーンでオーバーランするのを狙って、打球を処理したセンターが一塁へ送球することなどがそうだ。打者走者はそれこそ形骸化のランニングなのでアウトにできる確率も高いが、逆にいえば、その送球を頻繁に投げるようだと攻撃側から二塁進塁を狙われることになる。いくら肩が強くても、いつもそれを見せる必要はない。アピールのための送球はいらないのだ。

その2 無理なダイビングキャッチをしない

外野手は、前の打球に対しての打球処理も注意が必要だ。特にライナー性の打球の場合、外野手がダイビングして後逸するケースが目立つ。

「無理をして後逸することは絶対にしてはいけません」

［**実例㉘** 智弁学園対明徳義塾戦］

14年夏の甲子園の智弁学園対明徳義塾戦。0対0で迎えた2回裏、智弁学園の守り。1死一塁から七番・水野克哉の打球はライト前へ。ライトの高岡佑一がダイビングキャッチを試みたが後逸（記録は三塁打）。一塁走者が生還して先制点を許すと、さらに安打、四球、安打で3対0となった。このプレーで流れを失った智弁学園は結局4対10と大敗。試合後、小坂将商監督はライトのダイビングについて「痛い、痛い、痛い、痛い。飛ぶ必要ない」と悔しさを隠さなかった。

［実例㉙　横浜対桐光学園戦］

13年夏の神奈川大会・横浜対桐光学園戦。3対2と横浜リードで迎えた8回表、桐光は先頭の松井裕樹（現楽天）がセンター前へのフライ。とても届くような打球ではなかったが、この打球にセンターの浅間大基（現日本ハム）がスライディングキャッチを試みて後逸。三塁打にしてしまった。

無死であることを考えれば、シングルヒットでOKの場面。無死一塁ならピンチでも何でもない。浅間は、相手が松井であるがゆえに点をやりたくないという思いが出すぎてしまった。勝ち急いだともいえるだろう。結果的に後続3人が倒れて失点にはつながらなかったが、命取りになりかねないプレー。いざ打球が来たら、状況を忘れてしまうのが高校生。プロに行くような選手でもやってしまうのだ。

この打球が落ちればサヨナラ負けをするという場面など、多少無理めでも一か八か勝負のダイビングをしなければいけないことはある。だが、それ以外はイニングと得点差を考えて、勝負する場面かどうかを必ず確認しておく必要がある。投手が投げる前に、捕手や内野手、ベンチから指示をしてＪＫ（準備・確認）をしておく。

無駄なダイビングは甲子園1大会で必ず二、三度はある。初回の先頭打者ですら飛び込む選手もいる。外野手が後逸すると長打になるため、大量失点の恐れが大きい。絶対にプレー前の確認を怠ってはいけない。

その❸ 試合終盤、2死一塁で一塁走者が同点、または勝ち越し走者の場合

このケースでは、内野手がライン際を詰めるだけでなく、外野手の守備位置も確認することを忘れてはいけない。一塁走者の生還を防ぐため、深めの長打警戒シフトをとる必要がある。だが、これも意外と見落としがちだ。

［**実例㉚ 智弁学園対高松商戦**］

16年センバツ決勝の智弁学園対高松商の試合。1対1で迎えた延長11回裏、2死一塁の場面で打席には六番の村上頌樹。投手ながら打撃に自信のある村上は初球をフルスイング。センターオーバーの二塁打となって一塁走者が生還。サヨナラで優勝が決定した。このとき、高松商のセンター・安西翼は前寄りの守備位置だった。

「前の打球をケアしようと思った。ポテンヒットが嫌でした」（安西）
確かにポテンヒットは投手をがっかりさせる。大会一の俊足・安西は前に落ちる打球を警戒した。だが、この場面ではポテンヒットなら一、二塁。悪くても一、三塁だ。次打者でまだ無失点で切り抜けるチャンスは残る。長打で一気に生還されてしまったら、負けてしまうのだ。最悪を考えて、どちらを優先させるかを考える必要があった。

その4 試合終盤、無死、1死一塁で2点リードの場合

この場面でライト前ヒットやセンター前ヒットの場合、外野手は一塁走者の位置を見ておく必要がある。捕球したときに三塁が完全にセーフ（刺せない）と判断した場合は、三塁送球をせず、打者走者の二塁進塁を防ぐことを考える。

「深めに守っていて、エンドランがかかっていなくても一塁ランナーが三塁へ行けるケースが出てきますよね。このときに何でもかんでも三塁へ投げてしまうと打者走者も二塁に行ってしまいます。同点のランナー、決定的なランナーが二塁にただで行ってしまう。だから、投げずに一塁に置いておくんです。一塁にとどめておけばそのあとにゲッツーを狙えますから」

間に合わないのに投げてしまうのは、走者が三塁に走ったから投げたというだけ。」

K（＝状況確認、事前の確認）ができておらず、どの走者が大事かが頭に入っていない証拠だといえる。

「ここでの無駄な送球が多いんですけど、とがめられないんですよ。でも、すごく大事なプレーなんですよね。投げないという判断ができるか。だから、投げないという練習も非常に大事なんですよ」

この〝投げない練習〟をするよい方法がある。走者つきのノックをする際、走者にビブスを着せるのだ。逆転の走者は赤、同点の走者は黄、それ以外の走者は緑。ビブスの色を信号に見立て、重要度を表すのだ。これなら、どの走者の進塁を防げばよいかひと目でわかる。

「実戦形式」といって走者つきのノックをしているチームは多いが、イニングや点差まで設定しているチームは少ない。同じ無死満塁だとしても試合状況によって守り方が変わるのが野球。「実戦形式にしているつもり」の練習では、いざというとき役に立たない。

その5　試合終盤、無死満塁で3点リードの場合

タッチアップで三塁走者のホームインは確実という外野フライが上がったとき、余計な送球はしない。外野手は無理をせず、二塁に返球する。それによって同点の走者は一

塁にとどめることができるだけでなく、次打者で併殺を狙える状況になる。

「聞けば当たり前のことなんですけど、なかなかどうして。投げる選手がいるんです。外野手は考えていない選手が多いんですよね。エイヤーと投げるだけで（笑）」

何度も出てくるように、外野手は無駄な送球をすることが多い。なぜ、そうなってしまうのかと考えると、問題は普段の練習のノックにあるといえる。先述したように、イニングや点差などの状況設定がされていない状態でやることが多いだけでなく、試合本番の想定がまるでされていない。

「例えば、両翼100メートルある球場の試合前ノックでセカンドに中継しますよね。これは、試合ではありえないんですよ。100メートルあるフェンスまで飛んだクッションボールを処理したら、打者走者は三塁に進めるかどうかですから」

両翼が90メートルしかない狭い球場ならバックセカンドでいいが、100メートルの広い球場ならバックサードにならなければおかしい。だが、試合前ノックは球場に関係なくバックセカンド、バックサード、バックホームとやるチームがほとんどだ。

こういう慣例化されていることに疑問を持てるかどうか。意味があるのかと考えられるかどうか。ここに気づかないと、いくら同じ練習をしても効果は半減してしまう。子供の頃からやってきたことに対し、何の疑問も持たずに過ごしていると、うまくなるチャンス、勝てるチャンスを逃してしまうのだ。

守備隊形・特殊編

◉フルカウントの守備考察

フルカウントになり、一塁ランナーが自動スタートの場面でどう守るのか。甲子園でも何も考えていないチームが多い。

その❶ 2死一塁における一塁手の守備位置

この場合、一塁手はベースから離れて深い守備位置をとる（守りに専念する）。もちろん、ヒットゾーンを広げないためだ。自動スタートのため、ライト前ヒットなら足の速くない走者でも確実に一、三塁を作られてしまう。少しでも一塁手の守備範囲は広いほうがいい。

当然のことながら、このときに二塁手と遊撃手はベースカバーをしないで守備に専念する。ストライクなら三振、ボールなら四球で盗塁のケースではないからだ。

もし打者がファウルを打ったときは、次の投球の前に一塁手が素早くベースに入ってけん制をする。けん制はないと決めつけ、オートマティックにスタートすることだけに意識が向いてしまっている走者もいるからだ。

メジャーリーグ、日本のプロ野球では一般的になっているが、高校野球ではベースについているチームがほとんど。ベースについているチームの監督に聞くと「大きなリードをされたくない。いいスタートを切らせたくない」と言うが、それならファーストが離れている位置から入るけん制球を入れればいい。アウトにできなくても、そういうけん制があると思わせるだけでリード幅を小さくすることができる。

「これはもう、ストライクなら三振、ボールならフォアボールですから。少しでも深く守ったほうがいいと思います。20数年前、私が監督をしていたときにこの守り方をしていたら、解説者に『まったく不可解なことをやりますね』って言われたんですよ（笑）」

これをやる場合、注意したいのが投手と一塁手間のＪＫ（準備・確認）。15年夏の甲子園ではこんなことがあった。

［実例㉛　静岡対東海大甲府戦］

静岡対東海大甲府の1回表。守る静岡は2死一塁、フルカウントとなったところで一塁手の平野英丸がベースを離れる。ところが、次の投球を投げる前に投手の村木文哉が無人の一塁へけん制。ボールが転々とする間に一塁走者の角山颯は二塁へ。直後に四番の平井練に二塁打を打たれて先制点を許した。

「平野は「いつもやっているのでピッチャーには言わなかった」。だが、甲子園初戦の初回で緊張していた村木はファーストの守備位置の確認ができていなかった。結果的に静岡はこの1点が命取りになって7対8で敗れた。フルカウントになり、ベースから離れる際は、一塁手から投手へ「離れるぞ」とひとこと言っておく。ＪＫ（＝事前の声）を忘れないようにしたい。

ちなみに、同じ2死一塁フルカウントの状況でも左のプルヒッターか俊足の小柄な打者かなど、相手打者によってベースにつく、つかないを使い分ける関東一のようなチームもある。しっかり考えて守っているのか、そうでないのかがわかる場面だ。左の俊足打者で左方向へのゴロが多い打者なら、一塁はセーフで内野安打になる可能性が高い。そのときは、一塁手は一塁ベースについて走者のリードを小さくさせ、左方向のゴロは二塁でフォースアウトを狙うのだ。

その2　1死一、二塁における一塁手の守備位置

走者一、二塁になると、何も考えずオートマティックに一塁手がベースから離れるチームが多いが、1死フルカウントでは逆。あえて一塁手がベースに入るようにする。あくまでもフルカウントとなり、自動スタートのランエンドヒットになるケースであることに注意。3－2だからこそ、ベースに入り、けん制球を投げて一塁走者のリード幅を狭め、少しでもスタートを遅らせる。もちろん、ゲッツーを取るのが狙いだ。

「その1の応用ですね。もちろん、時と場合によってですけど。ファーストはベースについて、けん制を1、2球投げさせて、1メートルでもリードを小さくしておく。速い打球だったときにゲッツーを取れるようにですね。内野手は、たとえランエンドヒットであっても、速い正面近くの打球であればダブルプレーを取れることをわかっていないといけません。この守り方は、高校野球は100パーセントやりませんね。おそらくプロでもやらないでしょう」

併殺狙い以外にも効果がある。例えば、終盤で2点リードしているとき。一塁走者が同点のランナーの場合、長打が出ると簡単に同点になってしまう。少しでもリードを小さく、スタートを遅らせることができれば、三塁でストップさせ、同点を阻止できる可能性がある。最悪を考えて、やるべきこと、できることがないかを考える。頭を使って

守るとは、こういう地味なところにも表れる。

その3　1点を争う試合の終盤、1死一塁における外野手の守備位置

同点や1点リードされて迎えた最終回。ランナー一塁でフルカウント。あなたなら、どう守るだろうか。おそらく、ほとんどの人が外野を後ろに下げ、長打警戒シフトを敷くだろう。ところが、葛原SVは違う。センターとライトを前に守らせるのだ。フルカウントで一塁走者がスタートするため、センター前ヒットとライト前ヒットが飛んだ時点でほぼ一、三塁になるのは確定。これを防ぐのが狙いだ。

「一塁ランナーが同点とか逆転のランナーだったら、長打警戒でベンチは100パーセント、うんと外野を下げますよね。そうすると、カウント3－2になってランエンドヒットに変わったときに、センター前ヒットでも楽々三塁まで行っちゃうんです。ライトもセンターも10メートルは守備位置が変わりますからね。

これで1アウト一、三塁になると、ほぼ勝負が決まっちゃうんですよ。もちろん、これは確率の問題ですけど、ここで外野の頭を越されるのと、ヒットが出るのとどっちが多いのか。バッターにもよりますけど、センターとライトは前に出したほうがいいですよね。一塁ランナーが走るのはわかっているんだから、もう準備していて、単打なら三

塁でアウトにする。2アウト一塁に持ってくる。これで頭を越えられたらしょうがないですよね。野球に絶対はないですから。これも、プロでもやっていません」

勝つときはゴロのヒットが行く。負けるときは頭を越される。そう割り切って、勝負をかけるのだ。

ちなみに、レフト前の場合は走者がスタートを切っていても三塁には行けないため、レフトは前進する必要はない。

この三例でわかるように、フルカウントというのは、いろいろな守り方を使い分けることができる。同じ2死一塁、同じ1死一、二塁でも点差やイニング、相手打者の力量などさまざまな条件によって守り方が変わってくる。こういうことができるかどうか。甲子園でも一、二塁になれば点差やイニング、打者に関係なく同じ場所に守り続けているチームがほとんど。「この場面では、どう守るのか」。選手たちがそれを考えるのが面白いと思えるようなチームになれば強い。

「特に2アウトでフルカウントというのは、走るのがわかっているんです。わかっているんだから、何とかしようということ」

相手が何をしたいのか。逆算して考えることで、やりたいことが見えてくるのだ。

◉1点を争う試合の終盤に、ワンポイント野手リリーフ

状況　無死二塁、無死一、二塁
条件　試合終盤、相手が送りバントをしそうなとき

無死二塁、無死一、二塁の状況では送りバントのケースが多い。このとき、バント処理が苦手な投手だと不安だ。そこで葛原SVが考えたのがワンポイントリリーフ。といっても、マウンドに上がるのは投手ではない。フィールディングに一番自信を持っている野手だ。

「1点を争う終盤でノーアウト一、二塁になれば、100パーセント送りバントですよね。100パーセント送りバントということは、球威はいらないんですよ。打ってこないんですから。だから、守備が一番うまい選手をピッチャーにすればいいんです。バントをやらせて三塁で殺す。封殺だけのためのリリーフです。打ってきたとしても、一、二塁だから（併殺になりにくくするために）『右に打て』と言う。だから、これをやるなら、ショートの選手が一番いい。ピッチャーは一時的に他のポジションに入れておいて、また戻せばいいんです」

この話題になると、葛原SVが必ず例に出すのが13年の全日本大学野球選手権準決

勝・日体大対亜大の試合だ。3対3で迎えた9回表、亜大は無死一、二塁のチャンスを迎えた。どうしても1点がほしい場面。亜大が送りバントで来ることは濃厚だ。ここで日体大はファーストに茂原真隆を入れた。亜大は予想通りバントしてきたが、三塁封殺を狙った茂原はジャッグル。さらに一塁へ悪送球して二者が生還。実質、勝負は決してしまった。

「こういうときは、ポジションにこだわる必要はないと思います。一般的に内野守備のうまい選手はショートかセカンドで使われる。ファーストはどちらかといえば打力優先で守備は度外視で起用していることが多いですから。このときの日体大もファーストとしてはうまいから茂原を出したんだと思いますが、『ファーストじゃなきゃいけない』という固定観念がありますよね。一番うまいのはたいていショートなんですから、ファーストの選手ではなく、ショートの選手をファーストに入れればよかったと思います」

固定観念は悪というが、凝り固まった考え方によって発想は非常に限定されてしまう。この場合であれば、相手が何をしてくるかは予想できるのだから、それに一番対応できる選手を探せばよかった。ベンチにいる一塁手からではなく、ベンチ・グラウンドにいる内野手全員から適任者を選べばよかったのだ。その場合、握り替えのしづらいファーストミットをあえて使わないで守ってもいい。固定観念や意味のないこだわりからはいい結果は生まれない。

「こだわるといえば、例えば、『ピッチャーフライを捕るな』というんだけども、『今投げているのは普段は野手だぞ』ということがありますよね。その選手がショートの選手なら、一番うまいんです。それなのに、その選手もピッチャーをやっているとピッチャーフライでサッとどく。『ピッチャーは捕ってはいけない』という風潮があるからですけど、これもおかしな思い込みの結果ですよね」

発想を転換して、物事を違う角度からとらえてみる。それが誰もが考えないアイデアにつながるのだ。

◉左の強打者を封じるためのワンポイント二塁手

状況	走者一塁
条件	超高校級の左打者、左投げの守備のうまい一塁手がいる

ワンポイントの二塁手と聞いてピンとくる人は少ないだろう。だが、これを実際に試合でやったのが葛原SVだ。

杜若監督時代、享栄と対戦したときのこと。享栄の主砲は左の藤王康晴。83年のセンバツで大会記録の11打席連続出塁、大会タイの3本塁打をマークし、中日にドラフト1

位で入団した超高校級スラッガーを打席に迎えて実行した。

「ランナー一塁で普通のゲッツー態勢でいると、とてもじゃないけど捕れないおっかない打球が飛んでくる。だから、ファーストとセカンドは引いて守らないとダメだったんです」

いくら打球が強くても、内野が深めの〝藤王シフト〟ではダブルプレーを取るのは至難の業。そこで考えたのがワンポイントセカンドだった。ファーストが左利きで守備力の高い選手だったため、その選手をセカンドに回したのだ。

「その子なら、（捕ってから早く、左利きで二塁にも投げやすいため）深い守備位置でもダブルプレーが狙えるだろうと」

固定観念がないから独創的なアイデアが生まれる。杜若という〝弱者〟を率いていたからこそ、今いる選手でどうしようかと頭をひねる習慣がついている。これが、葛原SVの強みになっている。

◉5人内野シフト

その1
無死、1死満塁で1点取られたら負けという局面

1点取られたらサヨナラ負けというような場面で採用する、勝負をかけたシフトだ。

「背水の陣のときのシフトです。外野手の一人と守備に信頼を置ける控えの内野手を交代させて、バックホーム態勢の内野、二塁ベースの前あたりに守らせます。三塁ランナーの生還を防ぐのが第一で、あわよくばゲッツーを狙います」

ショートは三遊間に、セカンドは一、二塁間に守る。二人になる外野手は右中間と左中間に守るのが基本（図版H）。打者の特徴や傾向によっては、ライト方

H
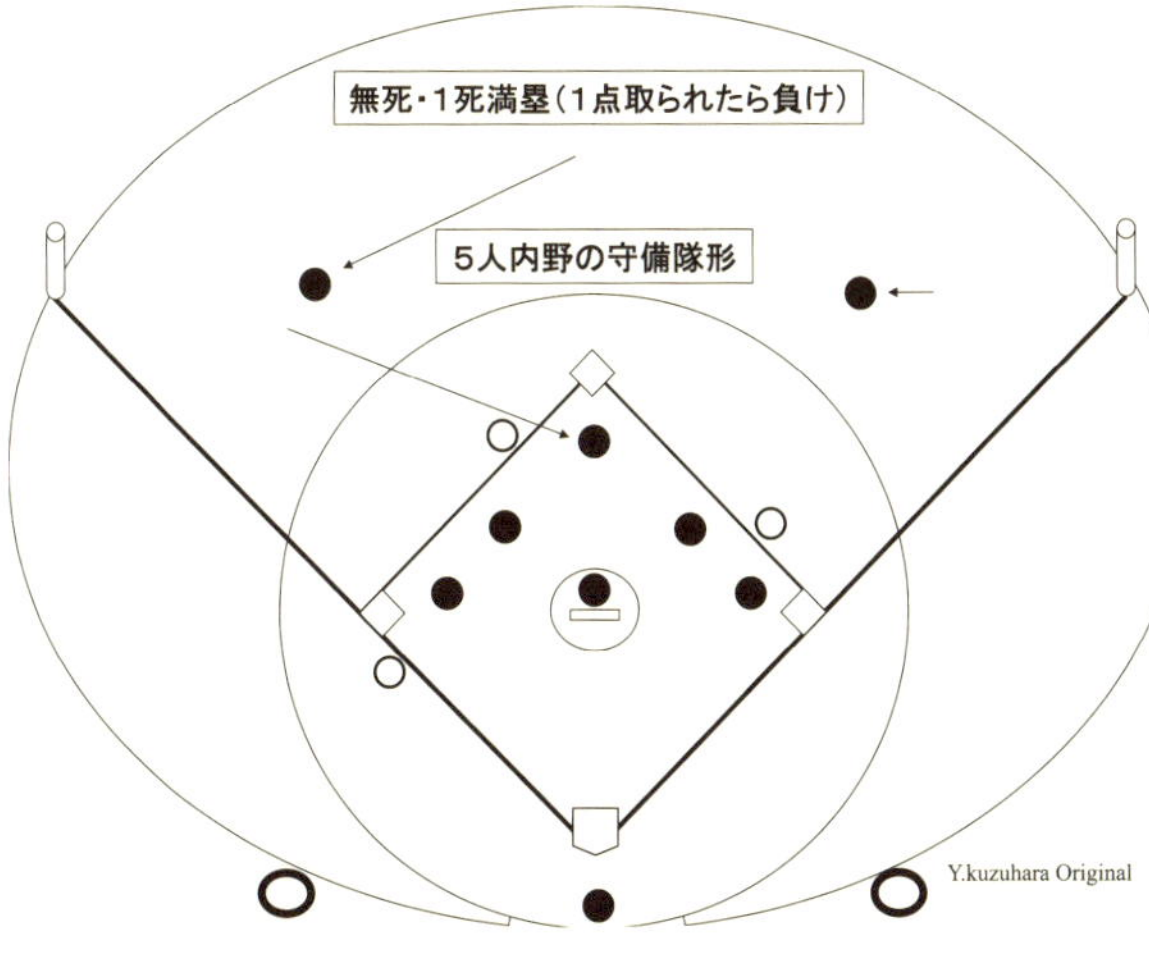

向、レフト方向のいずれかを完全にあけて守っても構わない。

その2 2死三塁で1点取られたら負けという局面

2死で三塁に決勝点となる走者がいる場合にも、5人内野シフトを敷くことがある。外野手に代えて守備力のある控えの内野手を入れるのは同じ。場所は二塁ベースの後ろに配置する。この場合は、深めに守り、ゴロでの安打を何とか防ぐのが狙いだ。

先ほどと同様、二人になる外野手は右中間と左中間に守るのが基本（図版Ⅰ）。打者の特徴や傾向によっては、ライト方

Ⅰ

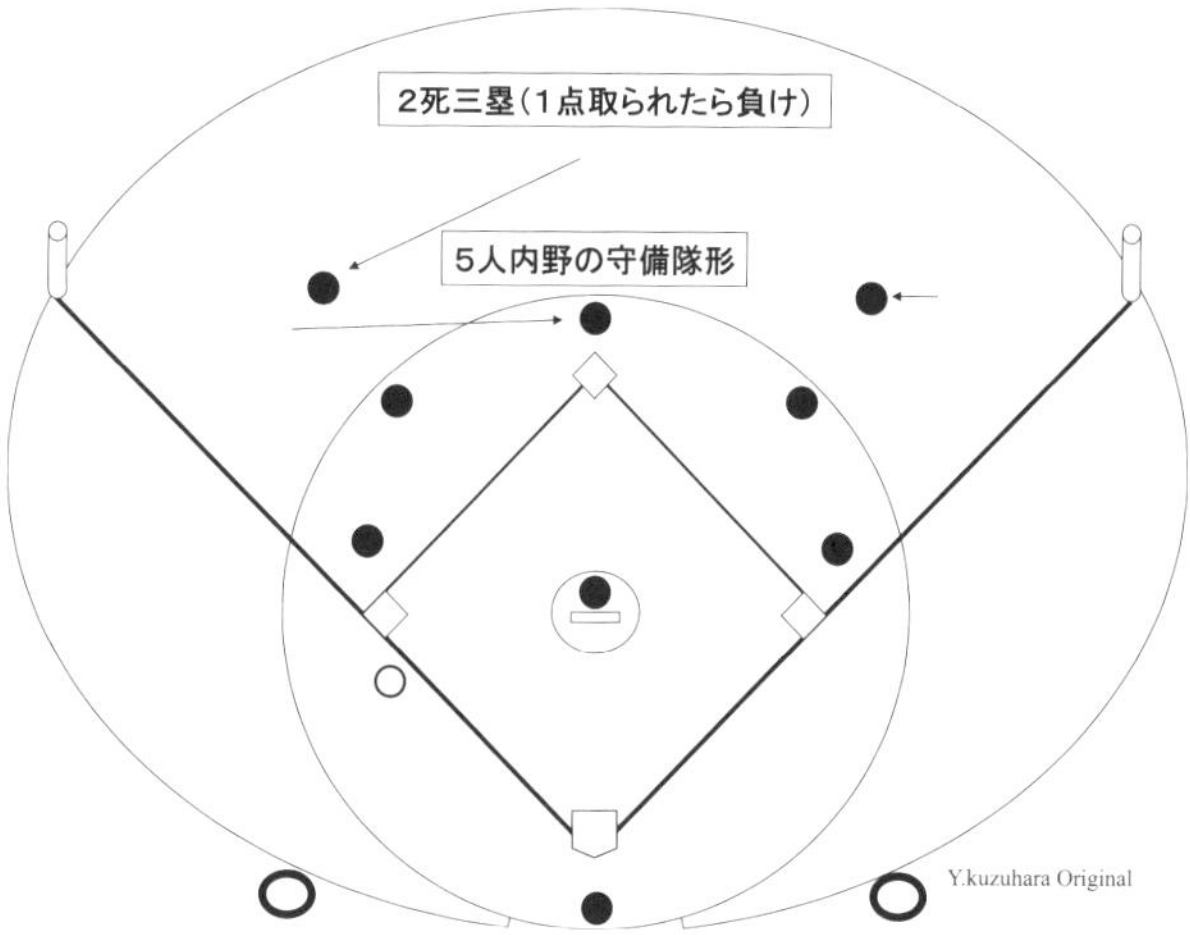

向、レフト方向のいずれかを完全にあけて守っても構わない。

その3 無死、1死三塁でスクイズを仕掛けてきそうな局面

無死、1死でサヨナラの走者を三塁に置き、相手がスクイズを仕掛けてくると思われる場面で採用する勝負シフト。

「外野手の一人を投手の右前、または左前に配置して、スクイズの処理をほぼ担当します。もちろん、控えの内野手やバント処理のうまいピッチャーが入ってもいいですよね。左ピッチャーの場合は、スクイズを処理するときに逆モーションになるピッチャーの右側（三塁側）に、

J

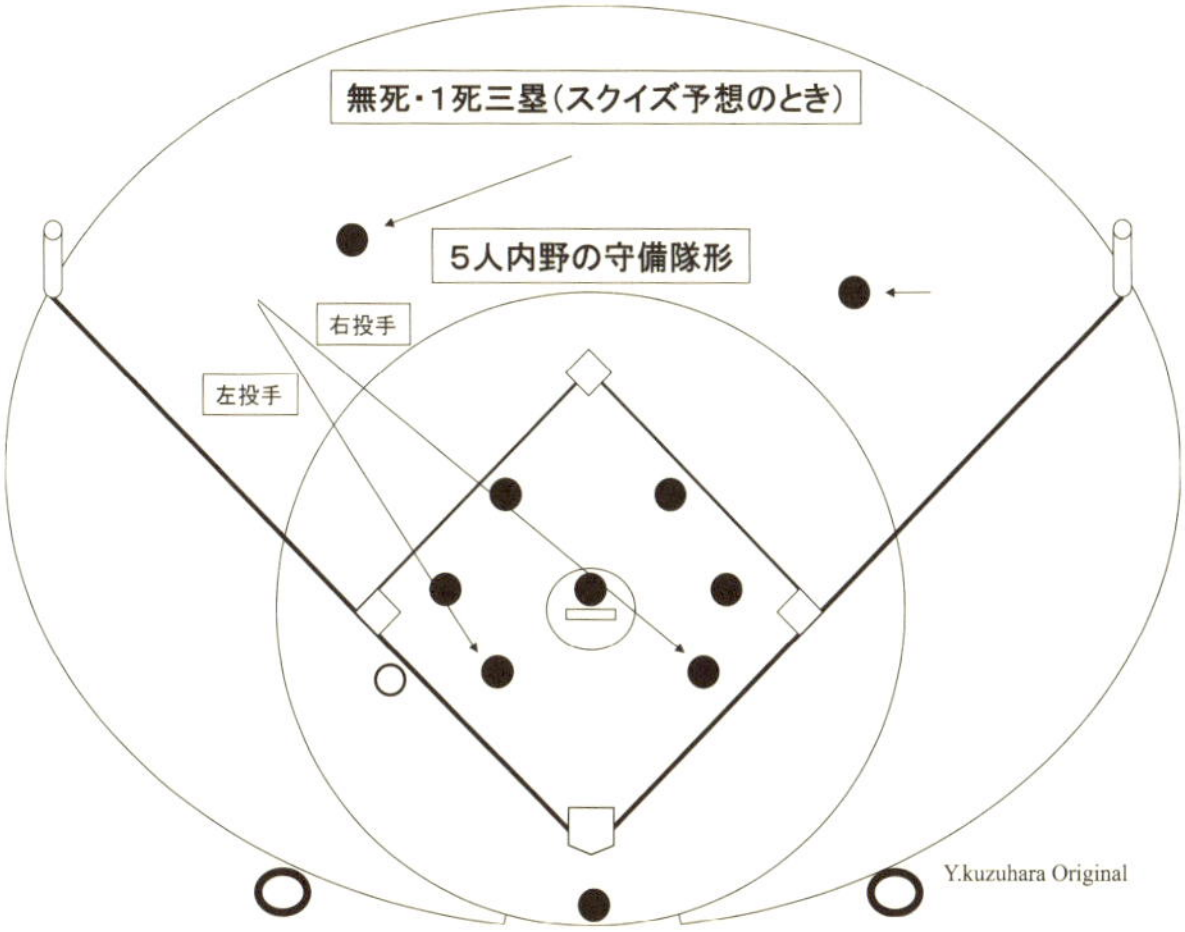

右ピッチャーの場合は左側（一塁側）に配置します（図版Ｊ）」

当然のことだが、このシフトを敷くことによって、相手がヒッティングに切り替えてくることも十分頭に入れたうえで守ることも大切になる。

［**実例㉜　観音寺中央対日大藤沢戦**］

甲子園でこの５人内野シフトをしたのが95年夏の甲子園の観音寺中央だ。センバツ覇者の観音寺中央は日大藤沢に苦戦。３対３で迎えた延長11回裏、１死から七番の西村雅志に三塁打を打たれ、サヨナラのピンチを迎えた。八番・小野博道が初球、スクイズの構えを見せる（バットを引いてボール）と橋野純監督はセンターの田中靖教に内野に来るように指示。田中を投手の右前で三塁手の左前、三塁ファウルラインから投手板に直角に線を引いたあたりの位置に守らせた（ちなみに投手は右の久保尚志）。

「前任校（丸亀商）ではあるが、このチームではやったことがない。当たっていた一番（尾形佳紀、元広島）に回したら打たれると思った。あのシフトで八番、九番との勝負にいきました。危険なプレーだし、やりたくはなかった」（橋野監督）

日大藤沢はヒッティングを選択。小野は四球で一、三塁。打席には九番の神崎吉正を迎えるが、観音寺中央は守備シフトを継続（２球目に小野は二盗成功。カウントは０ボール２ストライク）。神崎が３球目を打ってファウルとなったところで、田中はセンターの守備位置に戻った（結果的にセカンドゴロで決勝点。日大藤沢のサヨナラ勝ち）。

その4 接戦での終盤、無死一、二塁で非力な打者を迎えた局面

接戦で迎えた終盤の無死一、二塁のピンチで仕掛ける勝負シフト。送りバントが濃厚な場面であることを利用し、バントの構えを見せて内野手を前に出させておいてから、バスターに切り替える作戦を得意とするチームに対して使う。

「いわゆるブルドッグを仕掛けた場合に、バスターに切り替わる可能性の高いチームに対してやります。例えば、横浜高校がこれに当たりますね。横浜はブルドッ

K

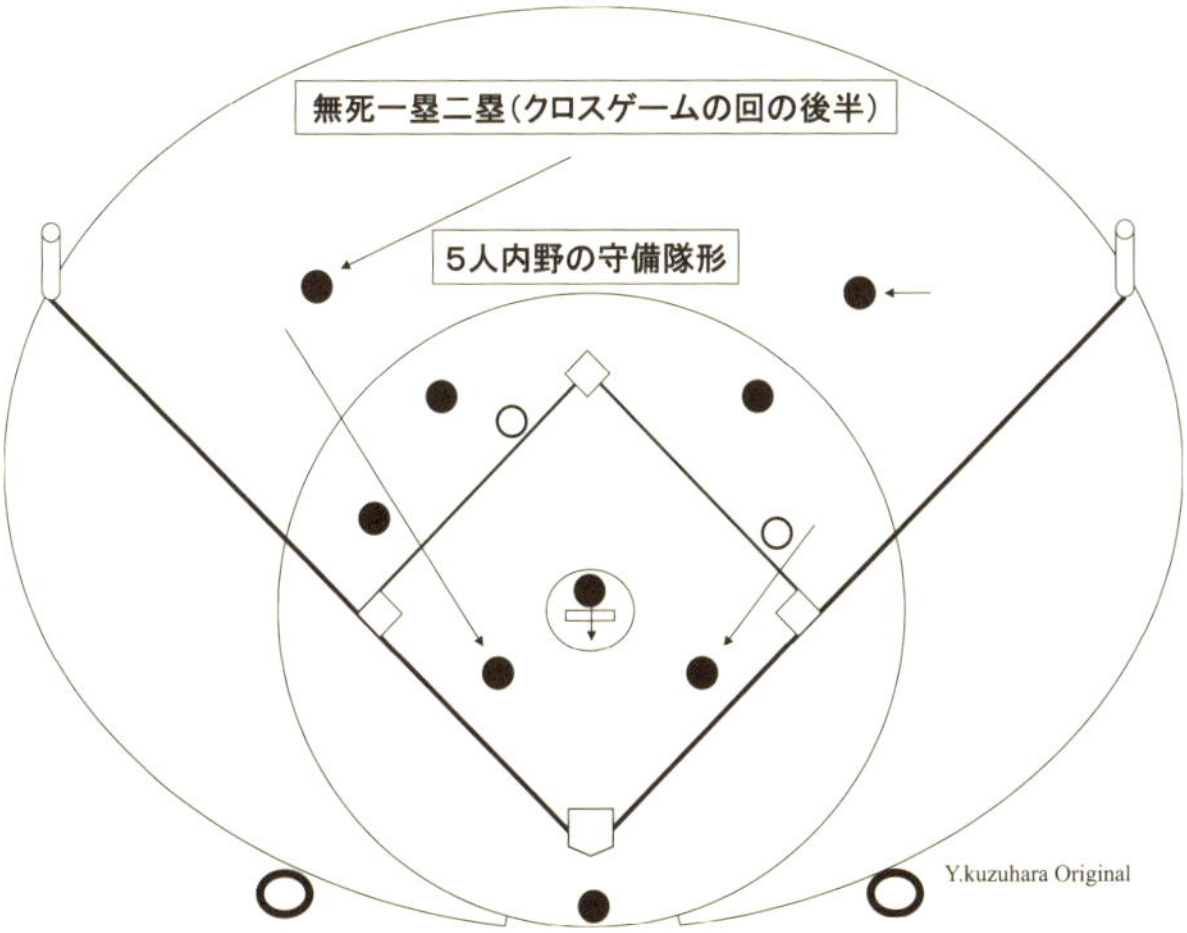

グをかけたら打ってくる。ブルドッグを仕掛けるのを待ってるんですよ」

ブルドッグの代わりに、完全なるバント警戒シフトをとる。一塁手が前に守るだけでなく、レフトも三塁手の前。ここからチャージさせることで相手に「これはバントできない」と思わせるのが狙いだ（図版K）。

「こうすればバントは絶対に無理ですよね。それによって、あらかじめ打つと決めさせて守る。ダブルプレーを狙うシフトです。ブルドッグを見てバスターに変えてくるチームには、こういう5人内野は非常に面白いですよ」

一塁手とレフトが守るのは本塁からだいたい18メートルぐらいの位置。前に守ると打たれるのが怖いが、投手は常に18・44メートルの位置に守っていると考えれば、はじめから守備に専念できる分、危険度は低くなる。もちろん、レフトが守備に不安があるようなら、内野手と交代して守らせる。接戦の終盤だからこそやる、一か八かのシフトだ。

◉4人外野シフト

状況　打席に超高校級の強打者

外野手を内野に持ってくるだけではない。内野手を外野に持っていくこともある。外

野手を増やし、かつ深めに配置することでシングルヒットならOKという守りだ（図版L）。

「左方向にも右方向にも強烈な打球を飛ばす強打者を迎えて、敬遠でも構わないケースがありますよね。そういうときに使います。敬遠でもいいんですが、それだと100パーセント一塁に行かれてしまいますよね。勝負して単打だったら同じで、アウトにする確率もある。となれば、こういう守り方ができるわけです。

このシフトを敷いてヒットを打たれると『4人外野シフトが破られた』と言う人がいるんですが、そうではない。塁に出しても一塁ならいいという考え方なので、シングルヒットならOK。むしろ、相手があいたスペースを狙って単打だっ

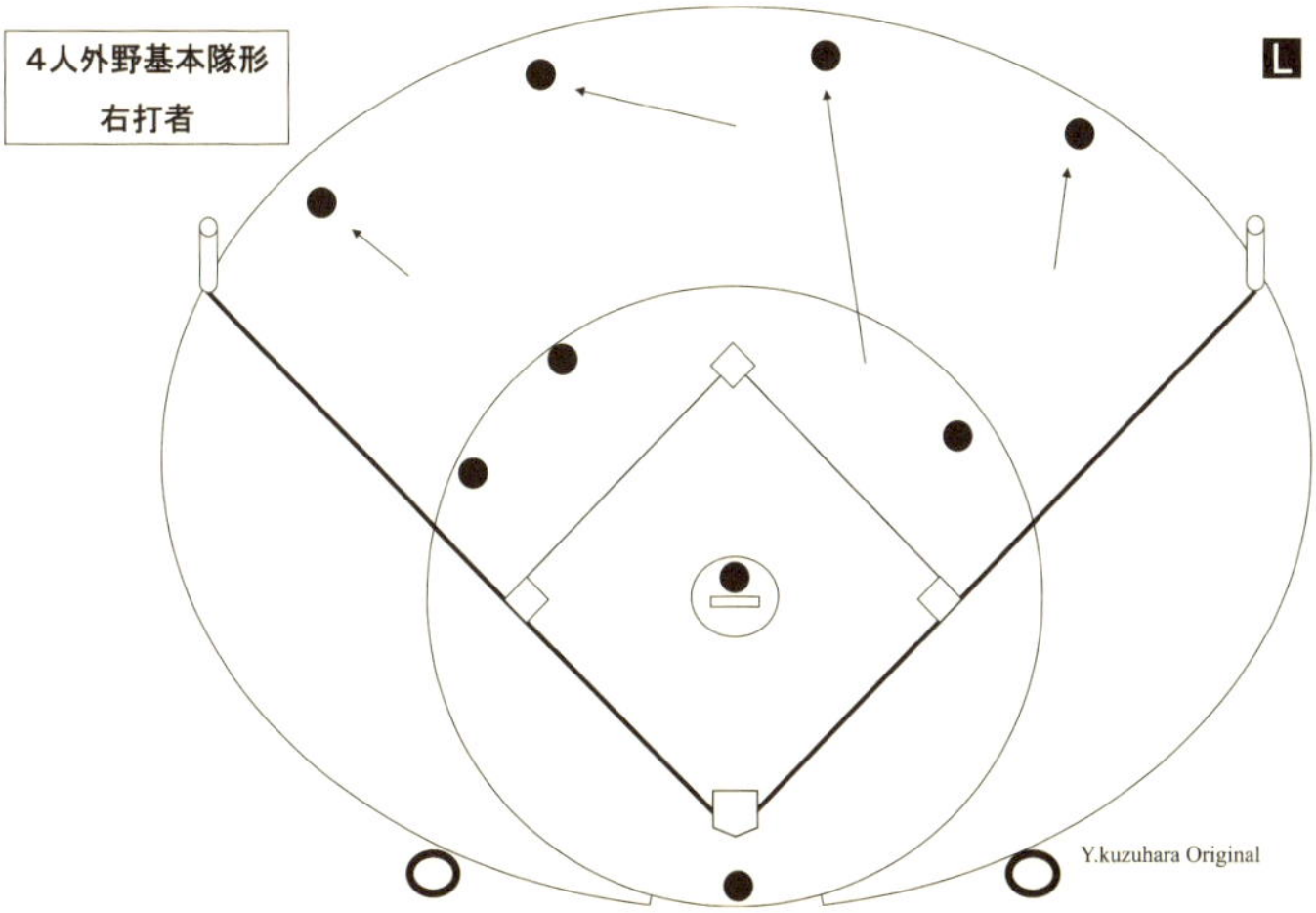

たら大歓迎だということです」

大胆な4人外野シフトだが、健大高崎ナインはこの指示が出ても驚かない。公式戦でも披露しているからだ。

［**実例㉝　健大高崎対前橋工戦**］

２０１３年夏の群馬大会・前橋工戦。前橋工の三番で県内屈指のスラッガー・原澤健人に対してこのシフトを敢行した。三塁手がレフトへ、レフトがライトへ、ライトが右中間へ、センターが左中間へと移動。さらに右中間、左中間、レフトに守る3人はフェンスに貼りつくように深めにポジションをとった（図版M）。

「これはかなり変則です。原澤は右バッターで一番怖いのはレフトに大きな打球を打たれること。このときのレフトは非

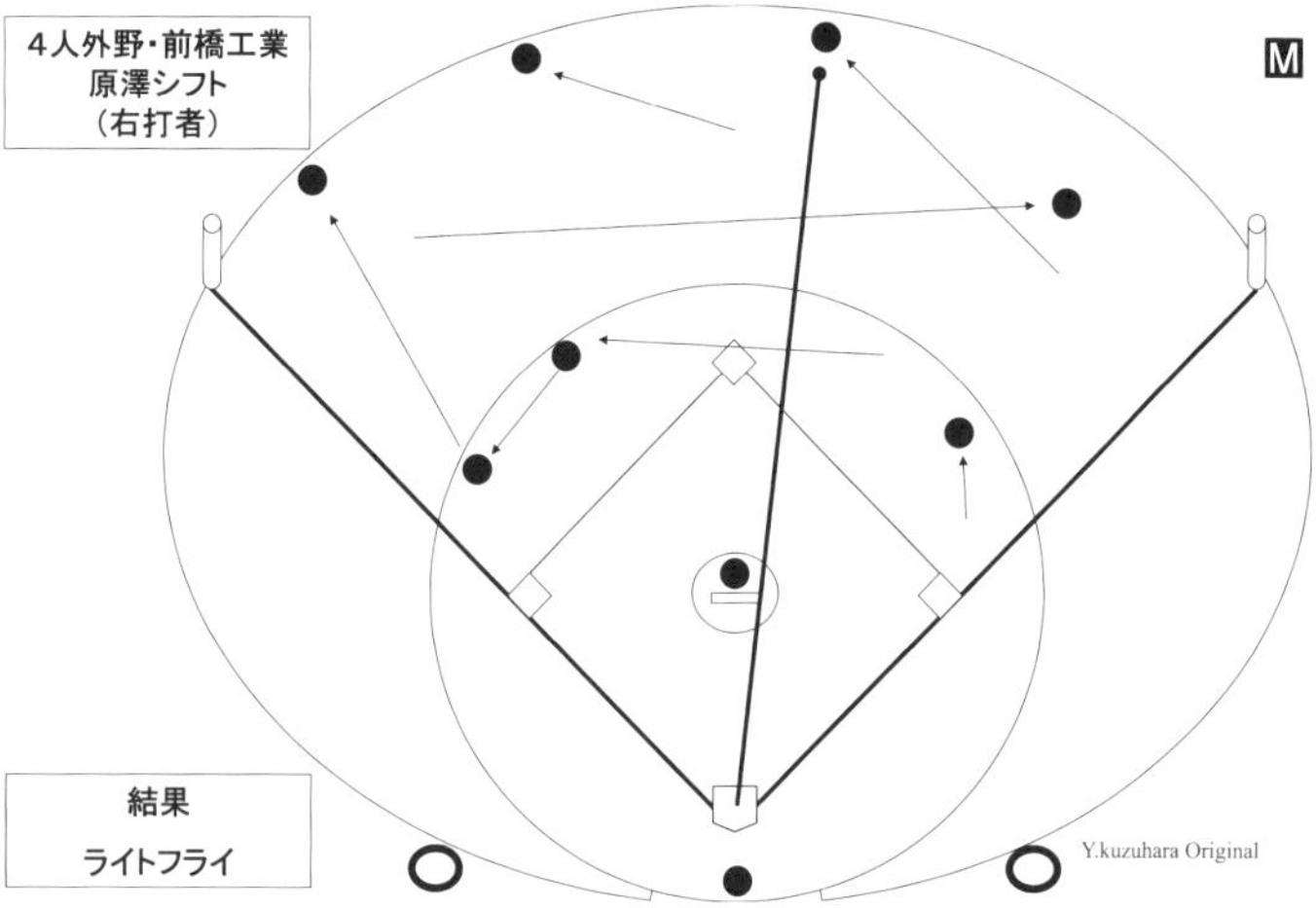

常に守備に不安があったのでライトに回して、それよりは守備に自信のあるサードをレフトに置きました」

このシフトが功を奏したのは、5回1死走者なしで迎えた3打席目。1―1からの3球目をとらえた打球は右中間最深部に一直線。右中間をまっぷたつに破る長打かと思われたが、あらかじめ右中間にいたライトがフェンス手前で難なくキャッチ。長打を凡打に変えた。

［**実例㉞　健大高崎対東邦戦**］

2016年6月の愛知県招待試合・東邦戦。2死走者なし、打席にエースで四番の二刀流として注目されていた藤嶋健人（現中日）を迎えた場面で、三塁手がレフトフェンス際まで下がる4人外野シ

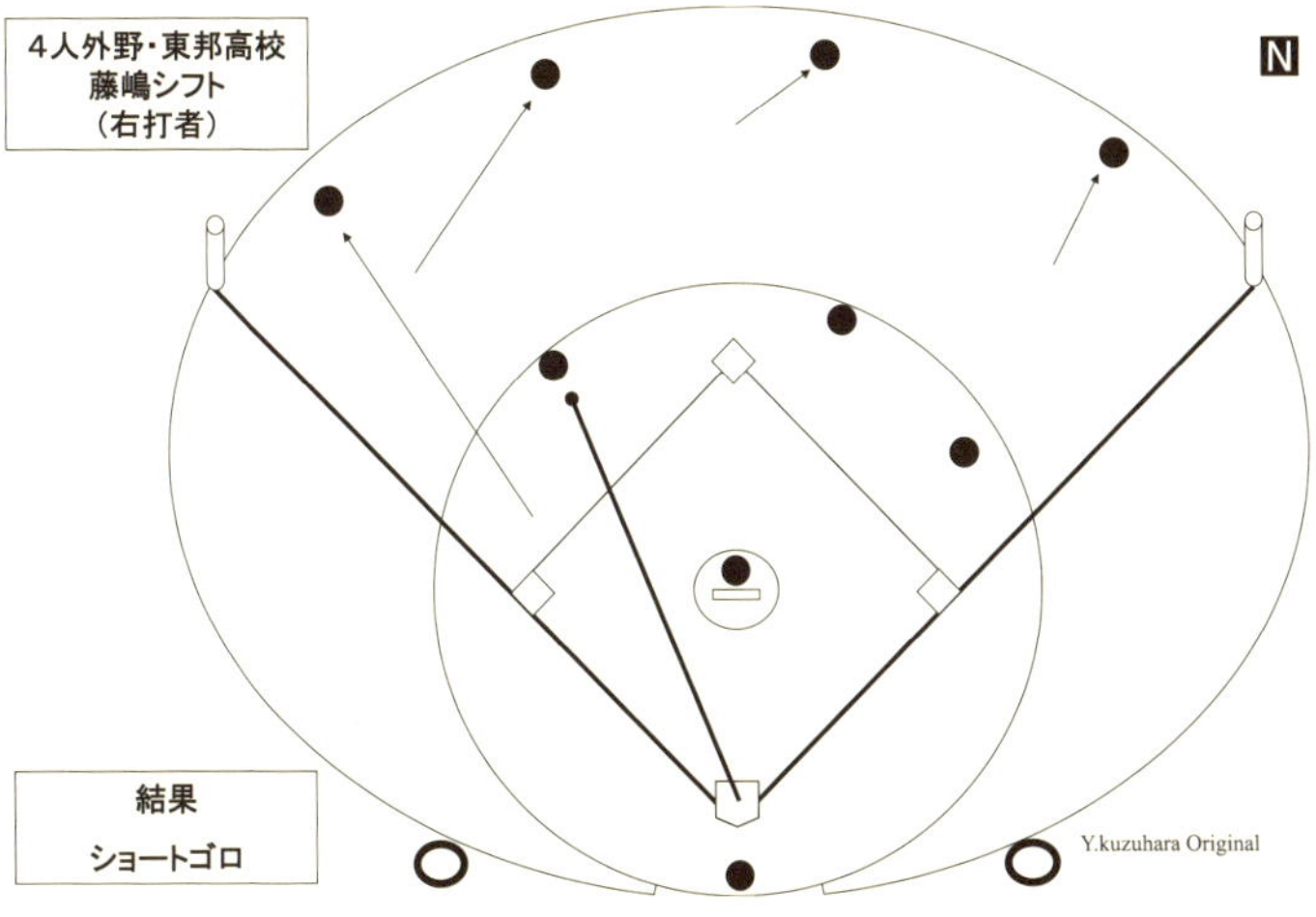

フトを敷いた。一塁手は一、二塁間寄り、二塁手は二塁ベース寄りでショートは深めの位置。内野の左半分はショートしかいない隊形だったが、打球はショート正面への強いゴロで打ち取った（図版N）。

「これは藤嶋の性格がわかっていたからできたことです。藤嶋というのは、シフトを敷けば『それを越してやろう』と思って打つタイプなんですよ。だからそこで、外にちょっと抜いた球を放らせたんですけど、ショートにゴロが飛んだ。左半分に一人しかいないのにそこに飛んだので、スタンドが沸きましたね」

ちなみに、葛原SVは杜若監督時代にも二度、この外野4人シフトを実行。一度目は左中間に置いていたショートへあわや本塁打かという強烈なライナー。二度目も左中間真ん中を破ると思われた打球がセンターライナーとなり成功。過去四度すべて成功している（図版O・P）。

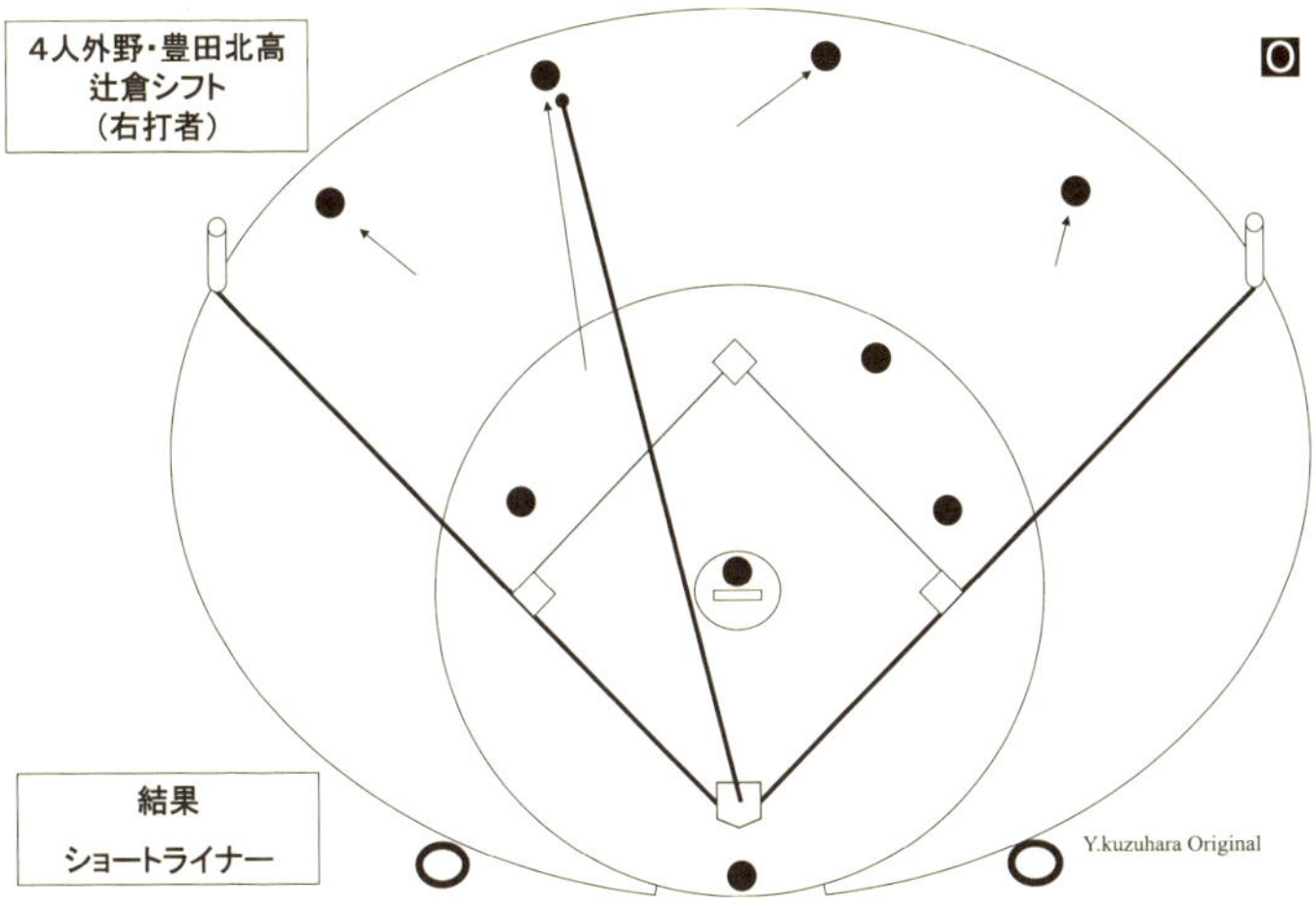
4人外野・豊田北高
辻倉シフト
（右打者）
O
結果
ショートライナー
Y.kuzuhara Original

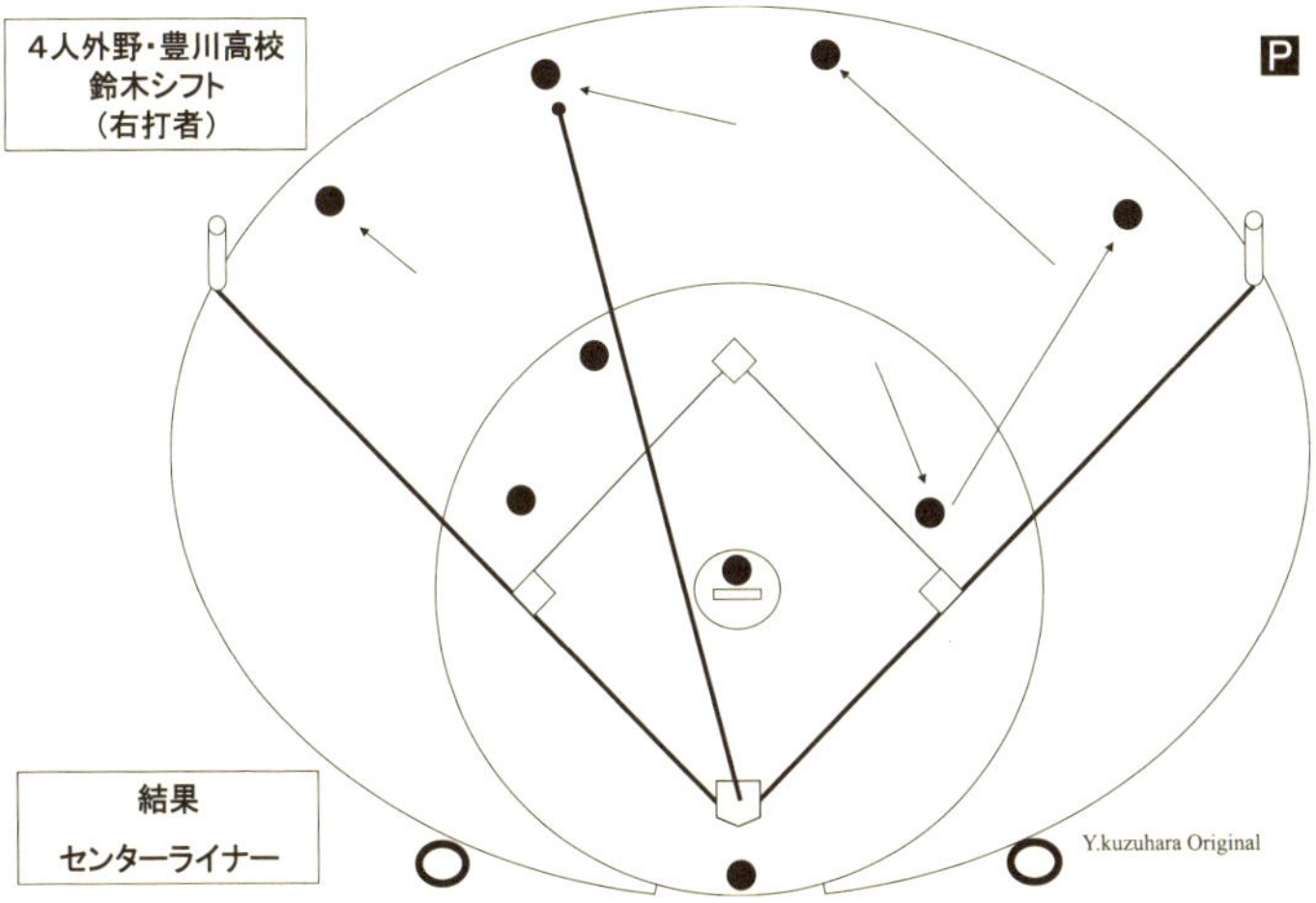
4人外野・豊川高校
鈴木シフト
（右打者）
P
結果
センターライナー
Y.kuzuhara Original

◉究極の全員内野シフト

状況　サヨナラ負けのピンチ
条件　2死三塁、球威のある本格派投手、非力な打者

背水の陣の中でも究極の策がある。それが、全員内野だ。同点で2死、三塁に走者がいる場面。マウンドには球威のある本格派、打席には非力な打者という組み合わせでしかできない策だ。葛原SVは杜若監督時代、剛球右腕の中村佳広（元オリックス）を擁しているときに実際にやったことがある。

「同点で2アウト三塁でしたね。中村はヒットもほとんど打たれないピッチャー。相手バッターも非力で打てそうもなかったんですよ。このバッターで、ボテボテのゴロが間を抜けていって負けるのだけは絶対に嫌だと。だから全員内野にして、内野に飛んだら必ずアウト、外野に飛んだら負けというふたつにしたんです」

二塁手はやや一、二塁間を締める定位置。遊撃手はやや三遊間を締める定位置。レフトは深い三塁守備、ライトは深い一塁守備。センターは二塁ベース後方に守る。ポイントは一塁手と三塁手。この二人は前進守備でセーフティーバントに備える（図版Q）。

「一番怖いのは、ちょこんとバントをやられてサヨナラになること。だからファースト

とサードは前に置いて、セーフティーバントをあきらめさせます」

　注意しなければならないのは、外野手が内野手になるという点。内野を守ったことのない選手の場合、ゴロ捕球に難があることもある。レフトが守る三塁後方から一塁へのスローイングも不安だ。そのため、このシフトを敷く際に不安のある外野手を控えの内野手と交代させることも考える必要がある。

「サヨナラの場面なら代えちゃっていいですよね。特に下手な選手のところには内野手を入れておく。まぁ、飛ぶところはひとつですから」

　忘れてはいけないのは投手への配球の指示。緩い変化球だけは絶対に使ってはいけない。非力な打者でも外野へ運ばれ

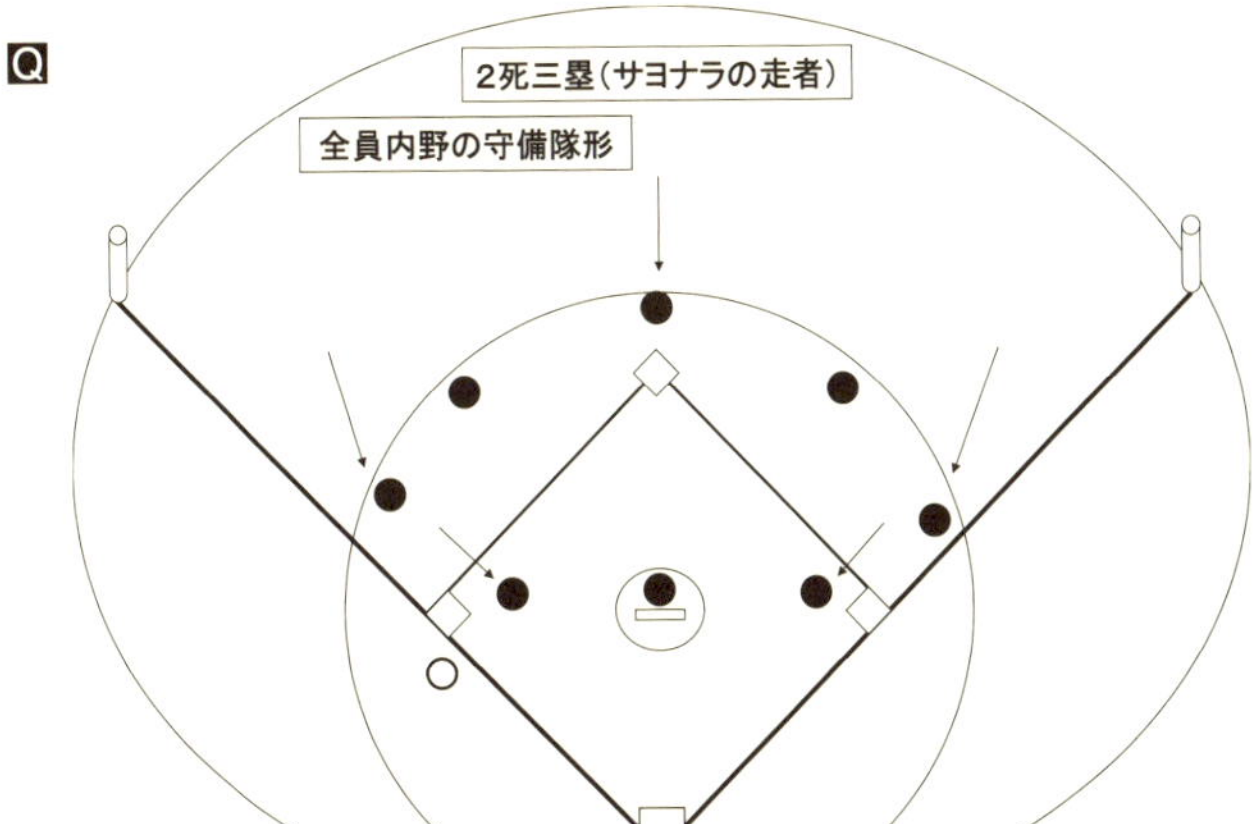

てしまう可能性があるからだ。
ちなみに、杜若・葛原監督がこの全員内野シフトを敷いたときの結果は三振だった。

第5章

戦

配球

◉高度な配球

状況　打席に超高校級の強打者

夏の大会になると、どのチームも打力をつけてくる。県内を代表するスラッガーならなおさらだ。春の大会までと同じ攻め方では通用しない。そこで、葛原SVはいろいろなパターンの配球を教えている。

その❶　初球以外すべてボール球で打ち取る配球（図版A）

打撃に自信のあるスラッガーであればあるほど打ちたい気持ちが強い。バッテリーは、甘く入ってはいけないと厳しいコースを狙いすぎ、四球を出してしまうのをよく見るが、それは逃げの投球をした結果だ。同じボール球でも、意図して投げるボール球なら、それは攻めの投球になる。

「スラッガーは基本的には長打を狙っているので高めに照準を置いています。そこで、初球はまずアウトローへスピードを落としたカーブを投げてストライクを取ります」

長打にできる球を待っているため低めの球には手を出してこないが、ドロンと緩い球だったために、打者には「今のはおいしい球だったな。打てたな」という思いが残る。

「それにより、バッターに欲が出るんです。『次に同じようなところに来たら打ってやろう』という意識になります」

2球目はアウトコース低めのボールゾーンにチェンジアップを投げる。

「初球にアウトローを見せられたこと

A 高度な配球スラッガー編 その1

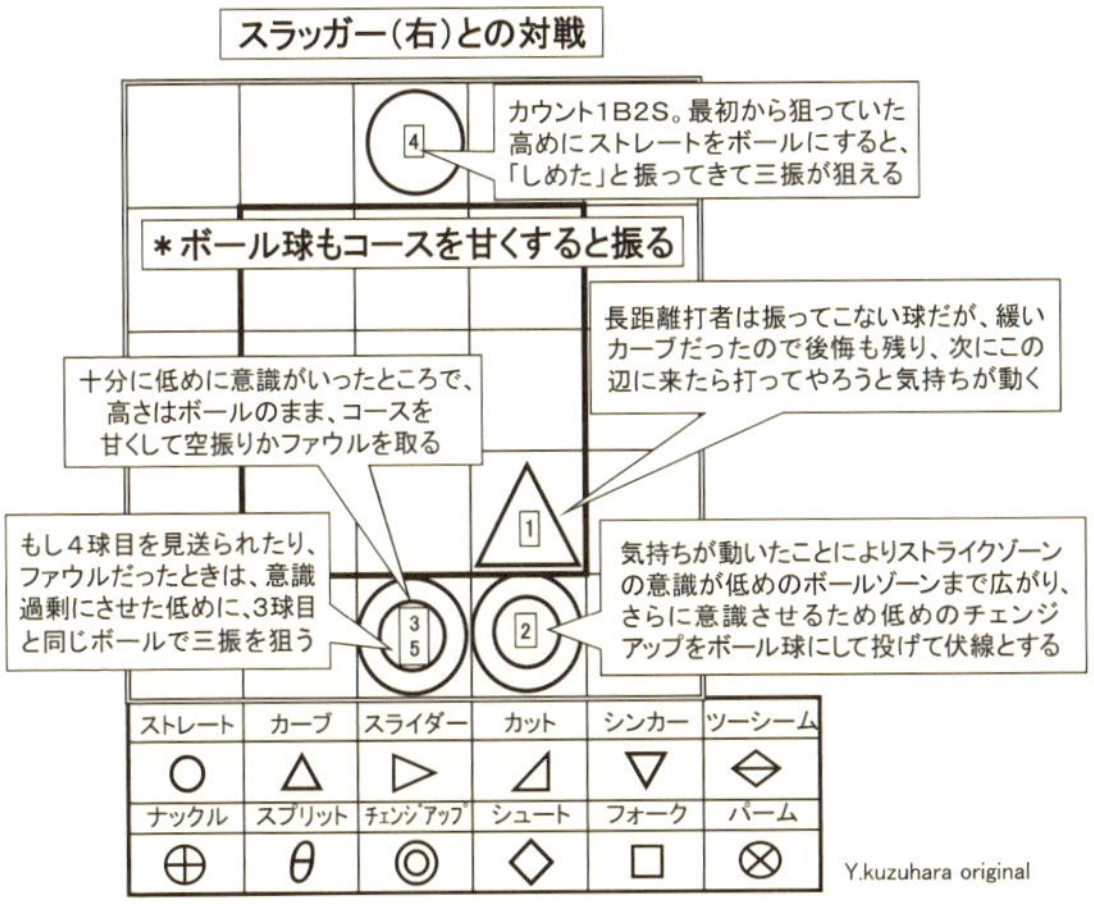

によって、ストライクゾーンの意識が低めのややボールゾーンにまで広がってきます。そこをさらに意識させるために、伏線としてチェンジアップでエサをまくんです」

「1、2球目で十分に低めに意識がいったところで、コースを甘くしてチェンジアップ。1ボール1ストライクになった3球目は、真ん中低めにボールになるチェンジアップを落とします。バッターというのは、厳しいコースから甘いコースに来ると、高低がボールであっても手を出してくるもんなんです。これで空振りかファウルを取れます」

これで、カウントは1ボール2ストライク。4球目は打者がもともと狙っていた高めに釣り球のストレート。これで空振りを誘う。もし4球目がファウルになったり、手を出してこなかったりした場合は、5球目には3球目と同様、低めへボールになるチェンジアップ。これで空振りか凡打に打ち取る。この対戦で投じた5球のうち、ストライクは初球のカーブだけ。あとはすべてボール球だ。

「外角の遠いところを見せておくと、次の真ん中の球は高低に関係なく甘く見えます。バッターというのは、『甘い』と思うと手を出す傾向がある。それを利用するんですね。特に落とす球はコースを甘くしてやると面白いようにバンバン振ってきます」

チェンジアップやフォークなどの縦変化は、コースを狙わなくてもいい。ホームベースの上に落とせば、ボール球でも手を出してくれる。これを知っていれば、ボール球ばかりでも攻めの投球ができるのだ。

その❷　追い込んでから、カーブを立て続けに投げ込む配球

条件　投手有利のカウント（図版B）

打ち取るのが困難だと思われる超高校級の打者を打席に迎えた場合、並みの投手では、たとえ追い込んだとしても勝負球がない。そんなときにどうするのか。

「カウント1ボール2ストライクだとします。ここでわざとカーブを2球外します。それによって、『このピッチャー、カーブは入らないぞ』と思わせるんです。それでフルカウントにしておいて、勝負球にカーブを投げる。絶対にまっすぐだというところで、カーブを放り込むんです。

これをやるのは、清宮（幸太郎、早稲田実）みたいなバッターに対するときですよ。投げる球がないときは、ピッチャーはわざと首を傾げながら2球外す。この状況でポンとカーブを放ると見送るんです」

投手有利のカウントで変化球が2球外れて3－2になれば、打者はまずストレートを待つもの。投手心理として四球は出したくないから、ボールになっている変化球よりも、確実にコントロールできるストレートを投げてくると思うからだ。

そこを逆手に取り、予想をしていない球を投げる。最後の球はキレは問題ではない。ストライクゾーンに投げることが何よりも重要だ。

打者の頭にあるのはストレート。カーブは頭にない。完全に意表を突かれた打者は、多少甘くても見送るしかないのだ。

その3 追い込んでから、釣り球の次に内角を攻める配球

条件　投手有利のカウント
（図版C）

2ストライクに追い込んでから、釣

B 高度な配球スラッガー編 その2

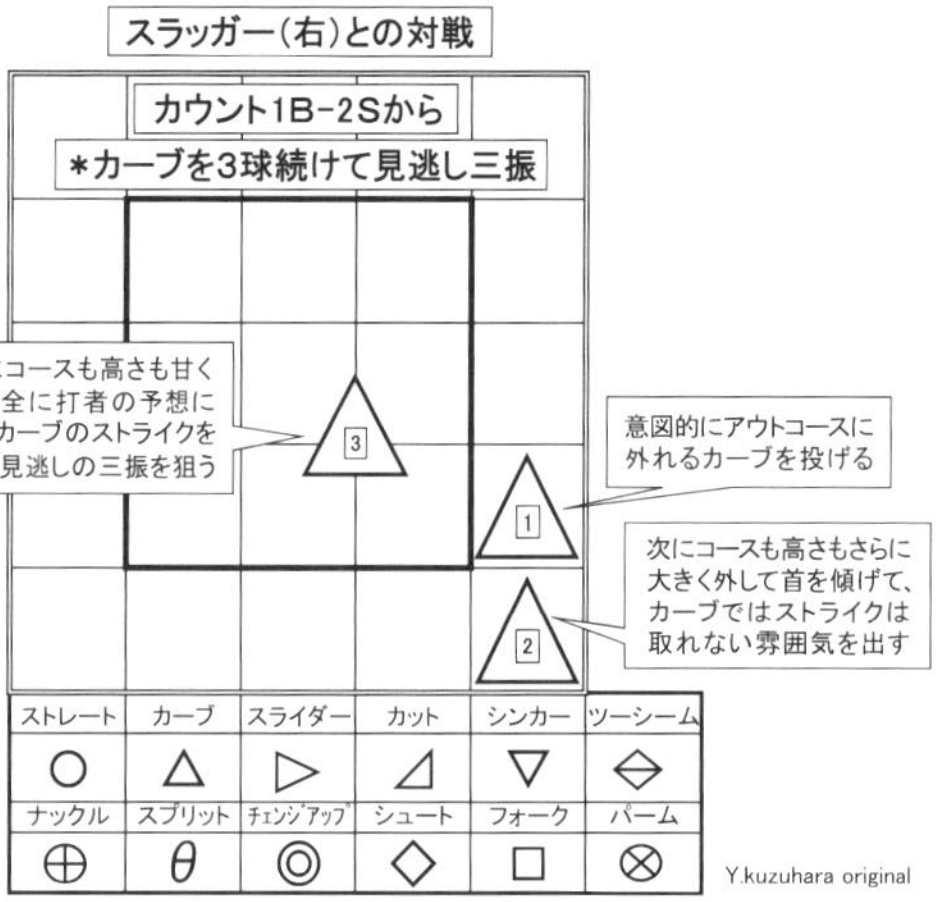

り球で高めの速球を投げることがある。珍しくない配球のため、スラッガーはこの攻め方に慣れている。

「彼らは今までの経験と学習の結果、次の球はフォークボールやチェンジアップなどのボール気味の変化球が来ることを知ってるんですよ」

　高めのあとは低め。しかもストライクからボールになる変化球。これが基本パターンとして定着しているため、打者は高低を使った勝負であることを予想する。

　その裏をかくのだ。

「伏線である高めの釣り球の次に、インコースのストレートを投げ込んです。この1球で、スラッガーのプライドを著しく傷つけることができます」

C 高度な配球スラッガー編 その3

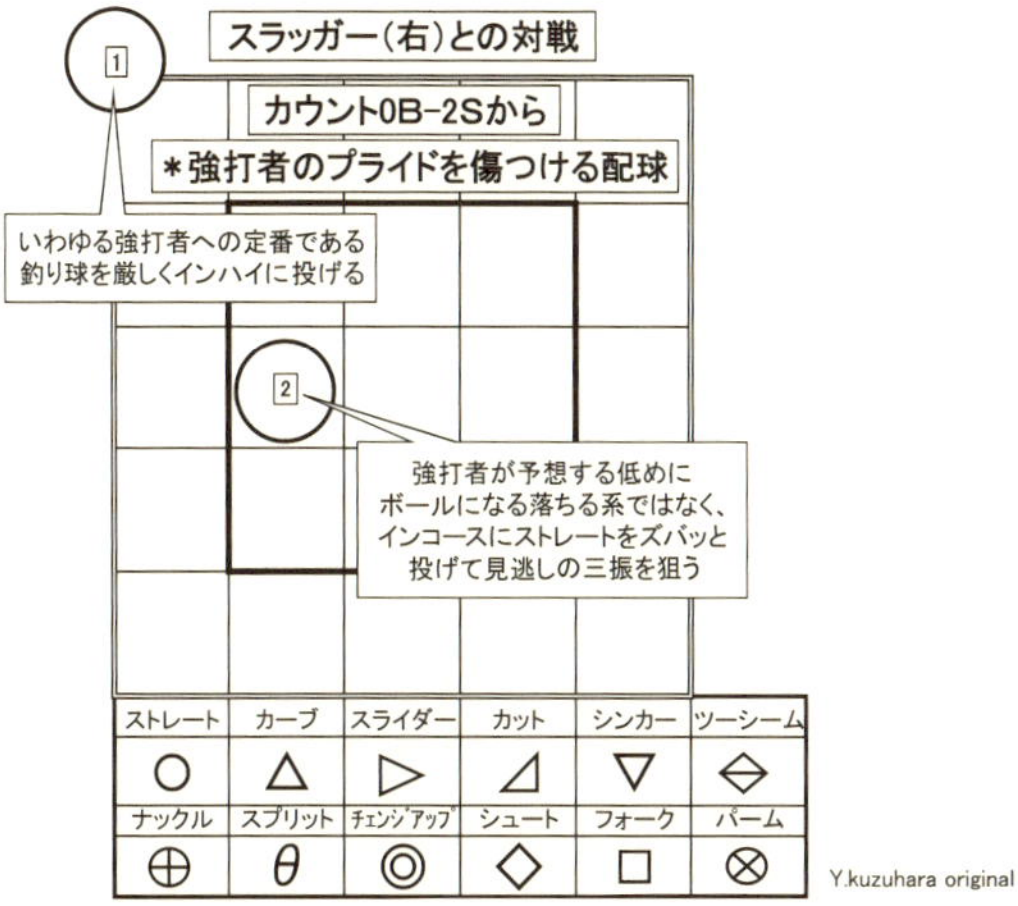

スラッガーであるがゆえに、甘く入ると長打になる可能性のある内角にまさか投げてくるとは思っていない。意表を突くうえにプライドを傷つけることができる。成功すれば大きなダメージを与えられる配球だ。

その4　3ボール1ストライクから、厳しく内角をえぐる配球

条件　3ボールで投手不利のカウント、走者二塁など（図版D）

カウント3－1。打者有利であるうえ、バッテリーには四球もちらつくカウントだ。打者側からはストレート一本に絞ってフルスイングしやすいカウント。そのため、変化球でストライクを取りたいところだ。

「基本的にはカーブかスライダー、アウトローのストレートでカウントを整えることが多くなると思います。ただ、一塁があいていて、打ち気満々のスラッガーを打席に迎えた場合は攻め方が変わります」

長打を打ちたいのがスラッガーの心理。そこを利用するのだ。

「もうインコースですね。デッドボールになるか振ってくれるかというぐらいの気迫を持って内に投げる。デッドボールになったとしてもフォアボールと同じですから。どう

せボールくさい球を使うんだったら、絶対にこちらのほうが賢いですよ」

　外角ぎりぎりを狙ってわずかに外れたとしても四球。内角に入りすぎてぶつけてしまっても死球。同じテイクワンベースに変わりはない。それなら、ボール球でも手を出しやすい内角に投げたほうが打ち取れる可能性があるということだ。

「大事なのは、これはストライクを投げちゃダメなんですよ。デッドボールか振らせるかという気持ちで投げないといけない。これができれば、スラッガーほどゴツンと詰まります。ゴツンと詰まるから面白い」

　ただ、この配球には落とし穴があることも忘れてはいけない。

D 高度な配球スラッガー編 その4

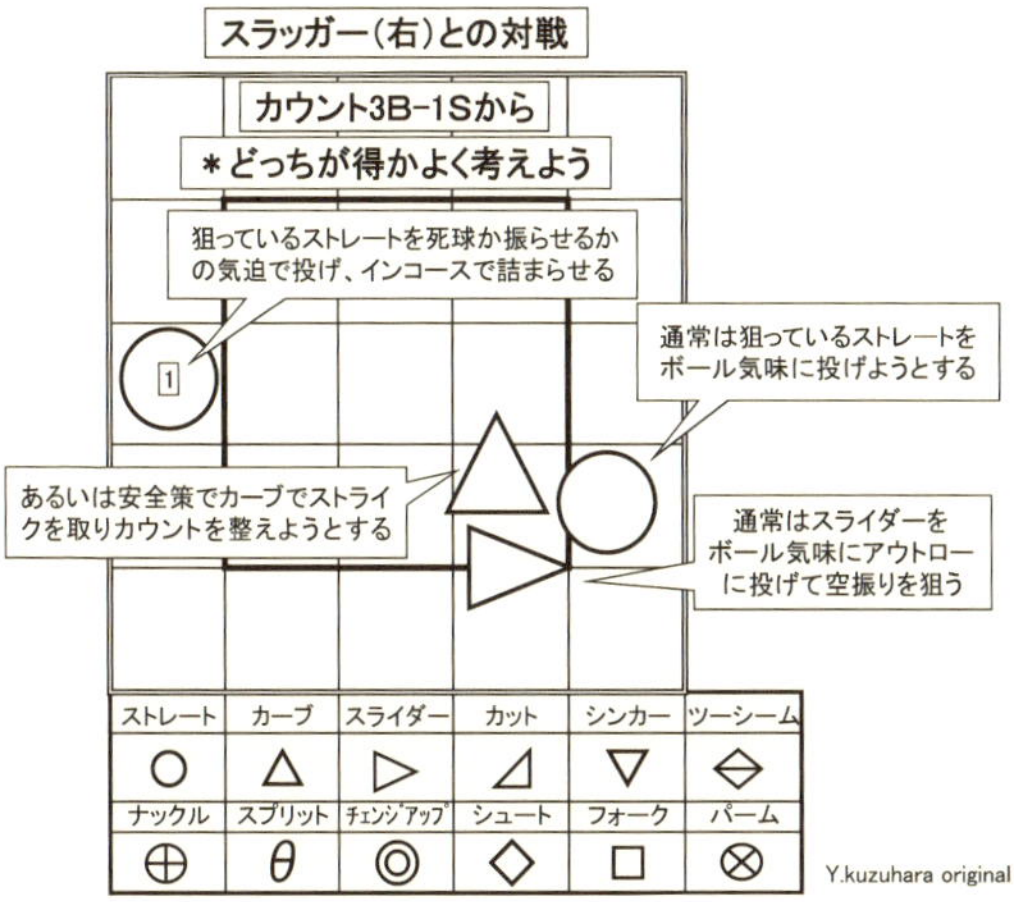

「これで成功したバッテリーはクセになります。クセになると次に（相手に）やられちゃうのが、『デッドボールになるか振らせるか』の〝デッドボールになるか〟が抜けてくるんですよ。今度はどうしても振らせたいという気持ちが出てくるので、甘くなってやられちゃう。味をしめて失敗するのはそこなんです」

たとえ成功したとしても、色気を出さないことが大事。あくまでもボール球を打たせるのを忘れないこと。ここを徹底できれば、有効な攻め方になる。

その5　球が遅い投手でも、打者のタイミングを遅らせられる配球（図版E）

球速がないとタイミングを遅らせる、詰まらせる投球ができないと思っている投手が多いが、そうではない。制球力があり、頭を使えば、それができる。

「初球はインコースのボールからストライクになるカットボールでファウルを打たせます。2球目はさらにインコースを意識させるために、初球より厳しいインコースをストレートで突きます。これは完全にボール球でいいです」

この2球で内角への意識づけをする。カウントは1－1。

「3球目はアウトコースのスライダーでストライクを取ります。これは2球目までのインコースが効いているため、多少コースが甘く入ってもバッターにはかなり遠く感じるので手を出しません。最後、4球目は3球目と同じコースと高さのストレートを投げ込みます。バッターはそのコースから曲がった残像があるためタイミングが遅れてしまい、見逃すことが多いんです」

ポイントは遅い球を先に投げていること。

「ストレートのあとに同じコースから曲がっていく配球を逆にして、曲がっていくコースを先に見せておいて、同じコースのストレートで見逃させる、振り遅れさせる、詰まらせる。先に曲げておいた残像を利用して、またここから曲がるんだろうなと思っているところにストレートを投げ込むと、遅い球でも詰まるんです」

E 高度な配球スラッガー編 その5

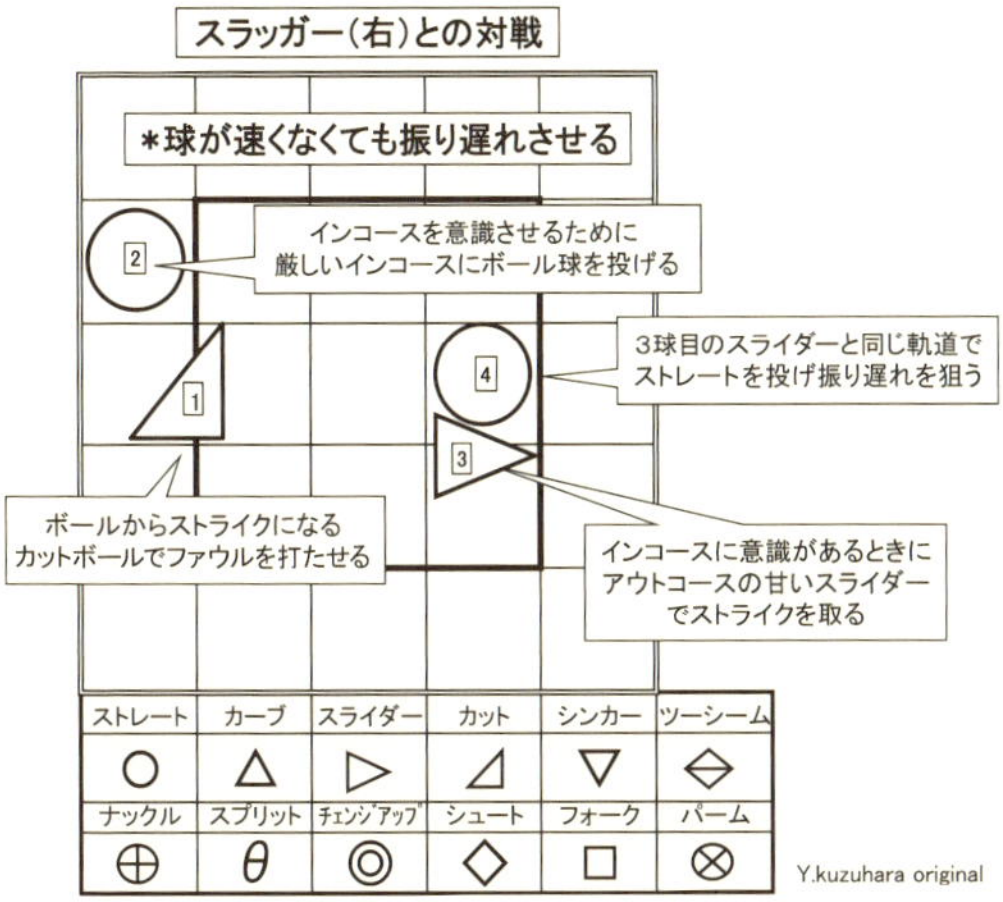

遅い球では詰まらせるのは無理という先入観を捨て、遅い球でいかに詰まらせることができるかを考える。そこから新しい引き出しが生まれるのだ。

その❻　明らかに右狙いの右打者を、望み通りのアウトコースで打ち取る配球

条件　走者二塁、走者一、二塁で右方向を狙っている局面（図版F）

走者が二塁にいて進塁打を打ちたい場合、一、二塁で併殺打を避けたい場合など、打者が明らかに右方向を狙ってくることがある。そのときの配球だ。

初球は内角へのストレートでストライクを取る。

「右狙いですから、アウトコースを狙っているので初球のインコースは絶対に振ってきません」

2球目は外角へのスライダー。ストライクからボールになる球で空振りを誘う。

「バッターは『右に打て』と言われているときにはアウトコースを待っています。待っているところにスライダーを投げると、『来た！』と思って空振りします。かなり外に外れたスライダーでも振りますよ。特にサイドスローのピッチャーだと、面白いように振ります」

これで2ストライクに追い込んだら、3球目は初球より厳しいインコースのボールで内角を強く意識させる。

「追い込まれているんで、バッターは『次にもう1球厳しいインコースが来たら、ひじをたたんででも右方向に打とう』と考えます」

そこに、仕上げは外角へのストレートだ。

「最後にアウトコースにまっすぐを投げると見逃すんです。右バッターで右に打てと言われているので、追い込まれたら、次もインコースに来たら強引にでも内からバットを出して右に打とうと思うんですよね。そう思っているところにアウトローにストレートがズバッと来ると必ず見逃しますね」

F 高度な配球進塁打狙い編 その6

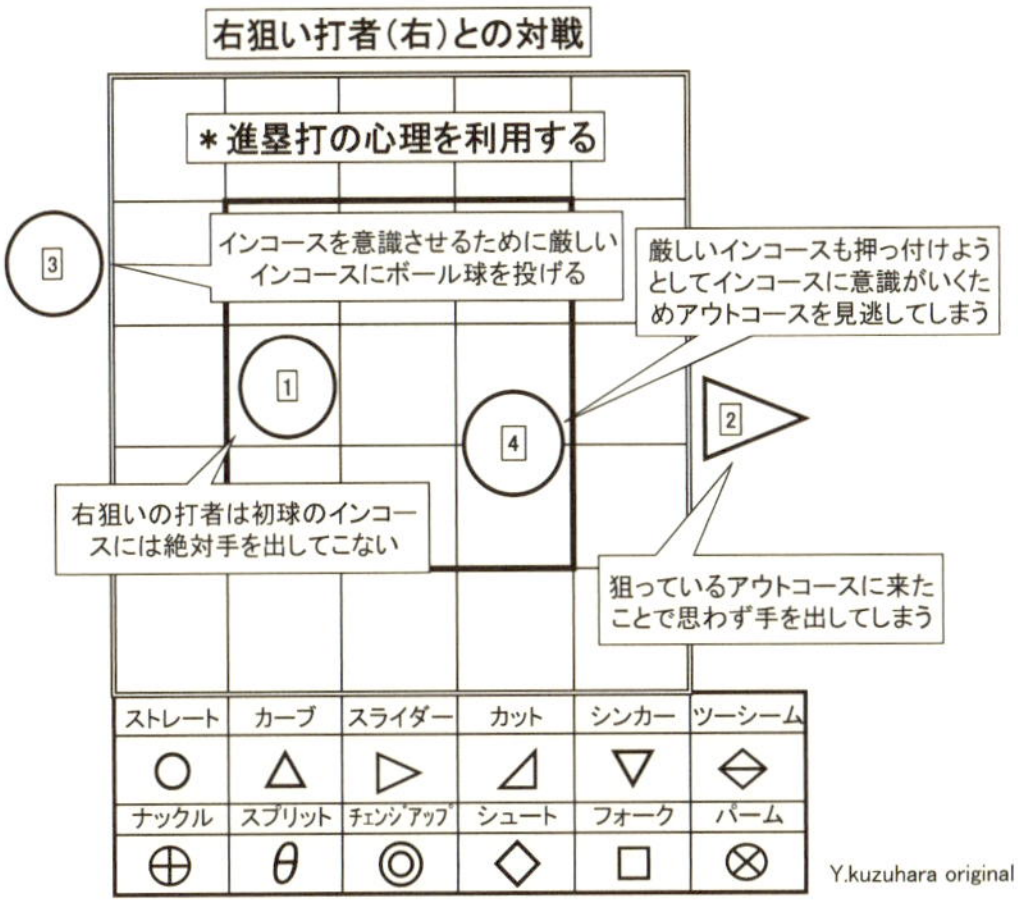

正解がないのが配球だが、セオリーとして基準となる考え方があるとバッテリーはやりやすい。もちろん、同じパターンばかりでは相手に読まれるが、基準作りをしっかりやることが配球を考えるきっかけにもなる。

投法

◉投手板を利用したインスラ投法

インコースへのスライダーを通称〝インスラ〟という。カウント球になるだけでなく、ボールひとつ分外して勝負球にもできる利用価値の高い球だ。ところが、甘く入ると肩口から入るホームランボールになるという恐怖感から、バッテリーはあまり投げたがらない。

「これがもったいないんですよね。実は、インスラは投げるときに少し工夫するだけでかなり有効な球に生まれ変わります」

少しの工夫とは何か。それは、プレートの使い方だ。

「一般的に右ピッチャーの場合、プレートの三塁側を踏んで投げますが、インスラを投げるときには一塁側を踏んで投げるんです。この角度から右バッターのインコースにスライダーを投げ込むと、バッターは自分の身体に向かってくるように感じ、『ぶつけられる』という恐怖感から、思わず腰を引いてしまうんです（図版G）。これで尻もちをついてストライクなんてこともある。そうなると笑いが止まらないですよね」

　もちろん、インスラの考え方は左投手にも共通。左投手にはさらなる利点もある。

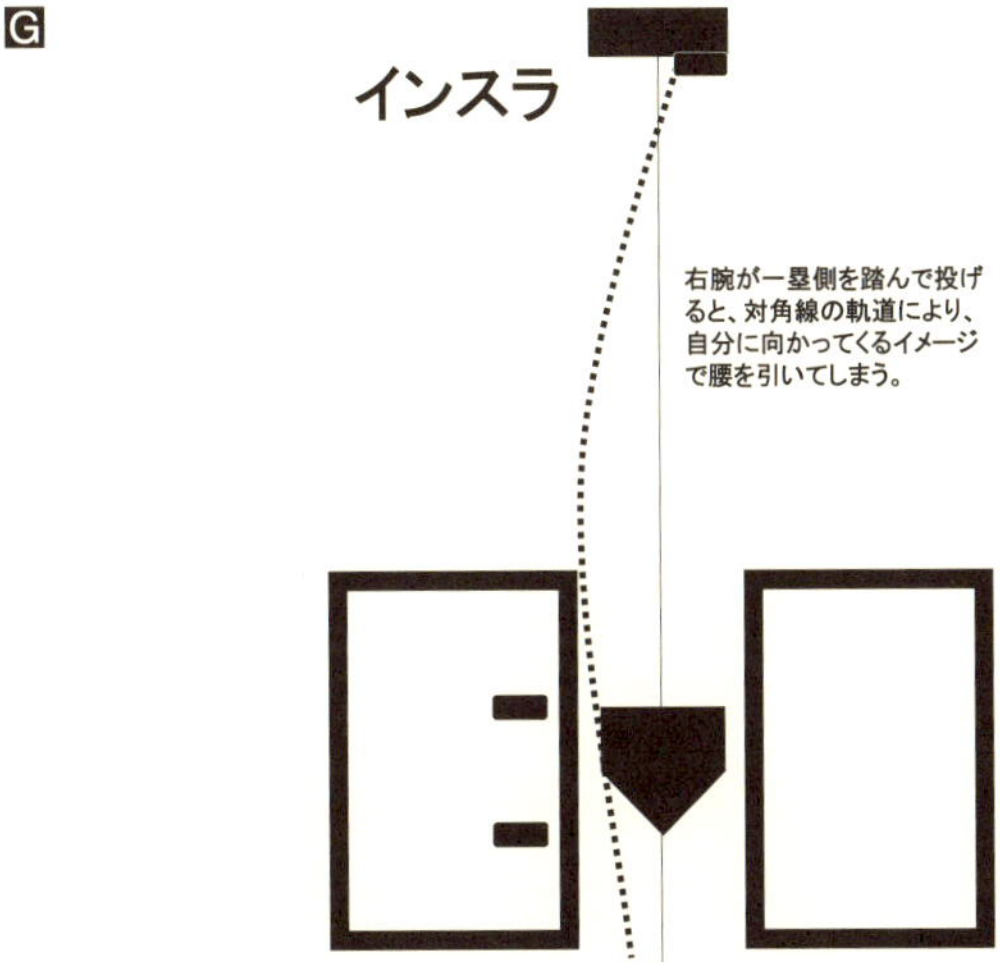
G
インスラ
右腕が一塁側を踏んで投げると、対角線の軌道により、自分に向かってくるイメージで腰を引いてしまう。

「左ピッチャーに三塁側を踏ませるいい点は、左バッターに対して失投が減ることですね。一塁側を踏んで投げるとベース上付近を通る確率が増えてきます。ところが、同じ球でも三塁側を踏んでいると、真ん中に行く確率が減ってきます。これによって、左バッターに対してとらえられにくいスライダーが投げやすくなります」

左対左の場合、打者が嫌がるのは外へ逃げていく変化球。三塁側を踏むことによって、この球が中に入る失投の確率が低くなる。投げ損なってもボールになる確率が高いのでリスクは小さい（図版H）。意外と左対左を苦手にしている左投手が多いが、プレートの位置を変えるだけで安心して投げられ

H

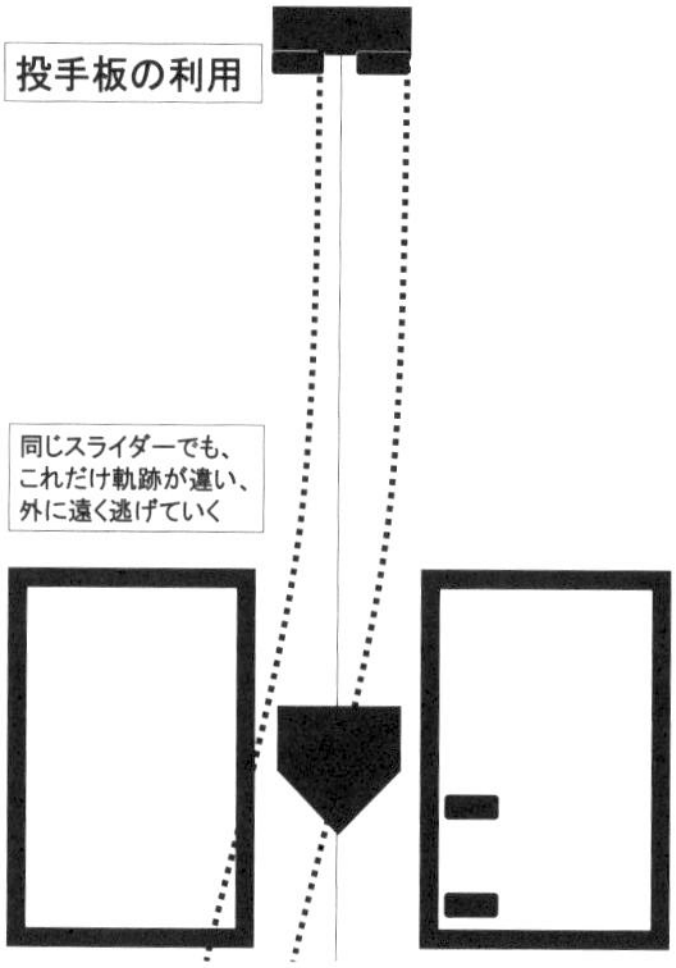
投手板の利用
同じスライダーでも、
これだけ軌跡が違い、
外に遠く逃げていく

るようになる。

◉軟投派と本格派、一人二役の投球戦法

1988年の夏。愛知・杜若を率いていた葛原監督が実際に使った作戦だ。

当時のエースは身長190センチ、88キロで〝ジャンボ〟といわれていた中村佳広。140キロを超える速球を武器にしており、1回戦の三谷水産戦では5回コールドで無安打無得点。アウトはすべて三振の15奪三振を記録していた。

その中村に対し、3回戦で対戦する成章は140キロのマシンを3メートル前に出して打撃練習。「速球対策は万全だ」という情報が入っていたため、一人二役の指示を出した。

「3試合目でちょっと疲れてきてましたしね。5回まではカーブ主体の軟投派で行って、6回から速球主体の本格派に切り替えろと」

案の定、成章打線は戸惑った。緩い球狙いに切り替えたが、イライラしてカーブを引っかけた。後半は速球で押す中村の前に三振の山。5回まではゼロだった三振が、6回からの4イニングで5つを数えた。

この指示を出した理由はもうひとつある。中村はプロ注目といわれ、雑誌にも取り上げられるなど目立っていた。球の速さが話題になっていたため、速球を打ち返されると相手は盛り上がる。「オレはあの中村の速球を打った」とヒット1本でも点数が入ったかのように喜ぶのだ。序盤からベンチで「速くない。打てるぞ」という声が出ると相手は勢いに乗ってしまう。それを避けたかった。

結果的に杜若は5対2で勝利。葛原監督の秘策が功を奏した。

実戦的練習

◉バックトスの練習法

「バックトス（写真A）をするときは小指を上げてやるといいんですよね（写真B）。小指を上げないと変なところに引っかかってしまう」（葛原SV）

「車のワイパーのような動きをするといいですよ」（葛原毅コーチ）

バックトスは、1秒を争う試合中のさまざまな局面で有効。健大高崎では、普段の練習から取り入れている。

小指を上げるようにして、うまくスナップを使ってリリースする。小指を上げていないとボールが引っかかりやすい。

ここ一番のプレーで瞬時にバックトスを選択するためには、普段からの訓練が必要だ。そこで、葛原SVはバックトス用の練習メニューを考案した。主に冬の期間の土日など時間があるときに取り入れている。

その1 バリエーションボール回し

縦7メートル、横14メートルの長方形に6人を配置し、正面、横、斜めにショートスローをする（図版Ⅰ）。

「基本的に7メートルの距離はバックトス、あるいはアンダーハンドで投げる。対角線（斜め）にはスナップを利かせてサイドハンドで投げます。ボールをもらった選手は斜めに投げてもいいし、正面に投げてもい

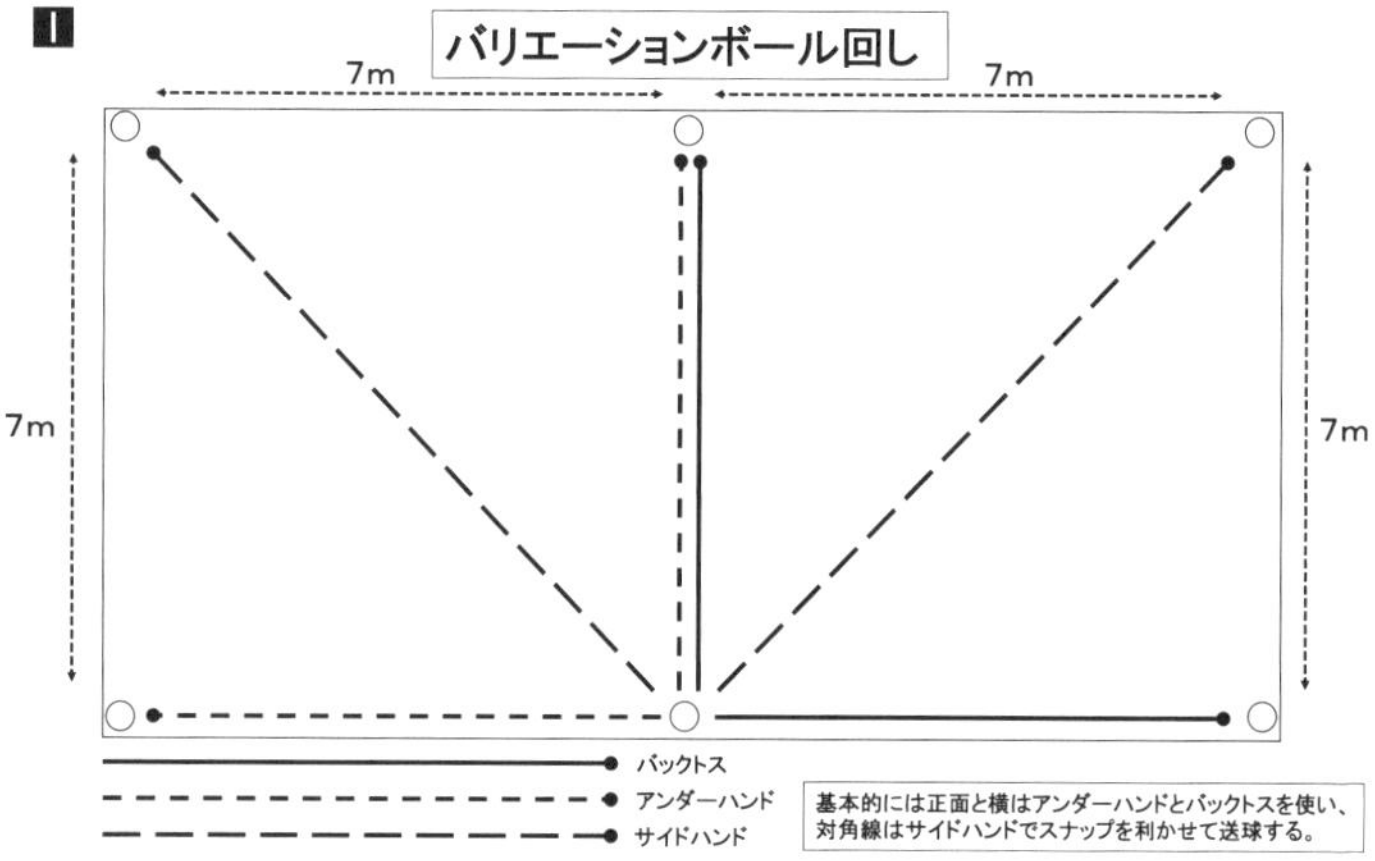
Ⅰ
バリエーションボール回し
7m
7m
7m
7m
バックトス
アンダーハンド
サイドハンド
基本的には正面と横はアンダーハンドとバックトスを使い、対角線はサイドハンドでスナップを利かせて送球する。

い。上から投げるのを除いて、アンダーハンドとサイドハンドとバックトスを自由自在に、自分の思った通りに使ってみようという練習です。捕ったらすぐ、間髪入れずにやるのがポイントです」

葛原SVの感覚だと、近すぎず、遠すぎず、7メートルぐらいがちょうどいいのだという。

「距離があんまり短すぎてもうまくならない。ある程度の距離がないといけないんです。それとアンダーハンドが入りますからね。例えばゲッツー態勢でショートが捕ってセカンドに投げるときはアンダーハンドですよね。あの近い距離を上から投げられたらセカンドは捕れないですよ。そういうときの練習にもしたいんです」

その2 バックトスノック

まずは慣らし運転。内野手全員オンラインよりも内側の守備につき、ノッカーは三塁手、ショート、二塁手、一塁手、投手の順にゴロを打つ。内野手は捕ったらバックトスで本塁へ投げる（図版J）。

次に内野手は併殺狙いの守備位置につき、ノッカーはそこへノック。三塁手の場合は

J ①全員へノック

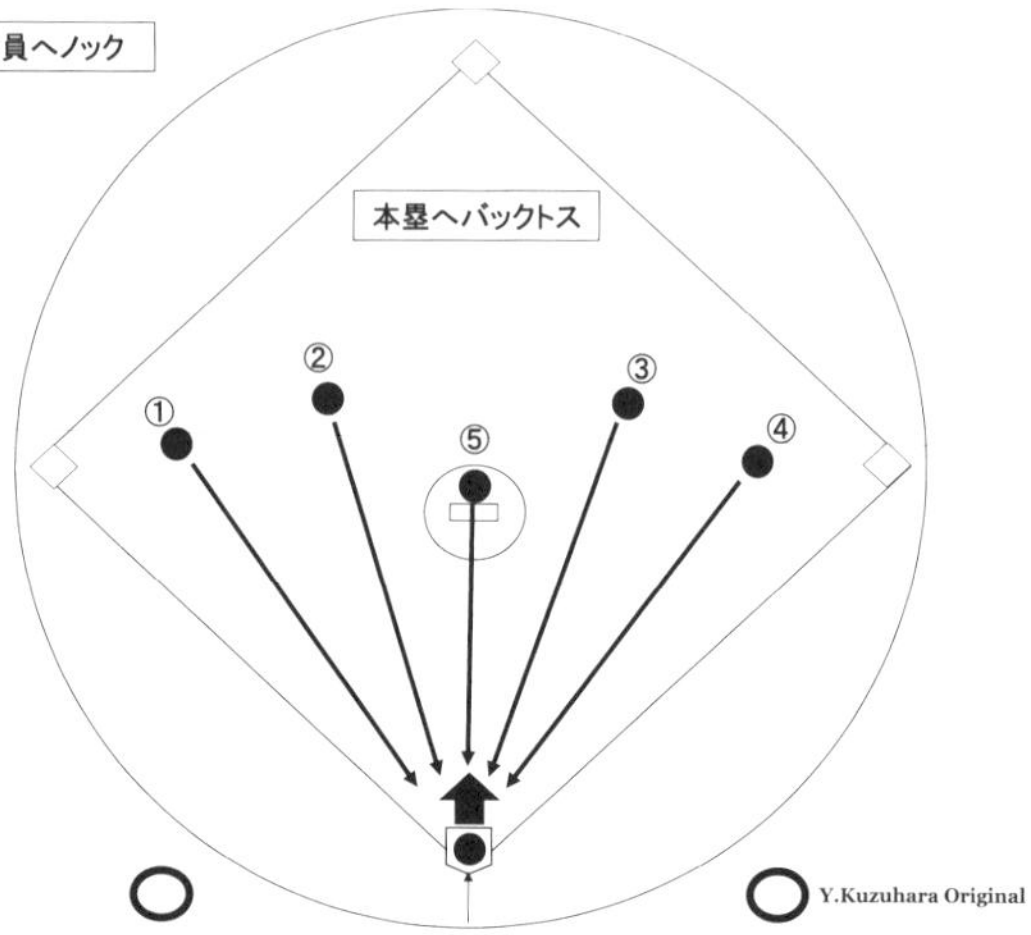

K ②三塁手へノック

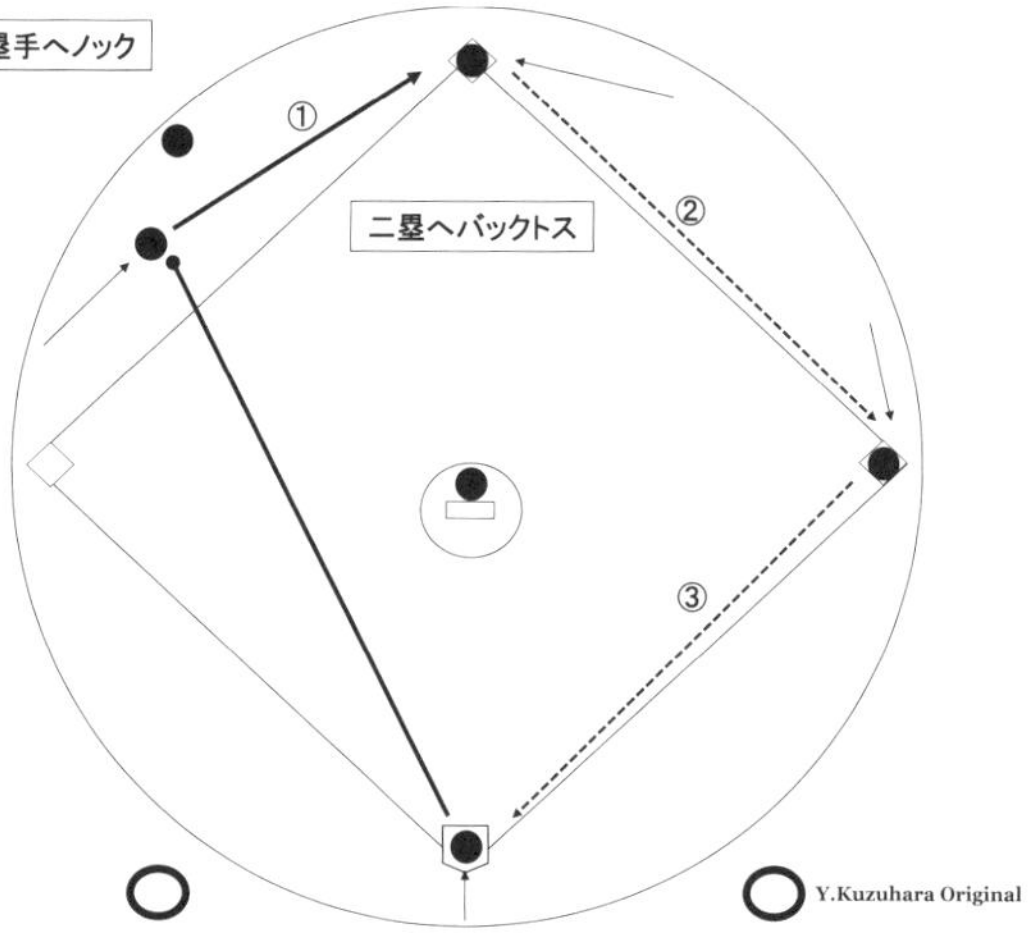

三遊間寄りのゴロを捕球し、本塁に背を向ける形で二塁ベースカバーの二塁手へバックトス。

「ある程度距離があるのでうまくなります。ボールを追いかけて走る勢いをつけると届きます」

このあとは二塁手→一塁手→捕手と転送して本塁に戻す（図版K）。

ショートの場合は三遊間の三塁寄りのゴロを捕球し、そこから三塁ベースにいる三塁手へバックトス（図版L）。二塁手の場合は二塁ベース寄りのゴロを捕球し、そこから定位置付近にいるショートへバックトスをする（図版M）。

「二塁ベースに投げるのではつまらないし、（近すぎて）うまくならないのでショートへ投げます。メジャーリーグなん

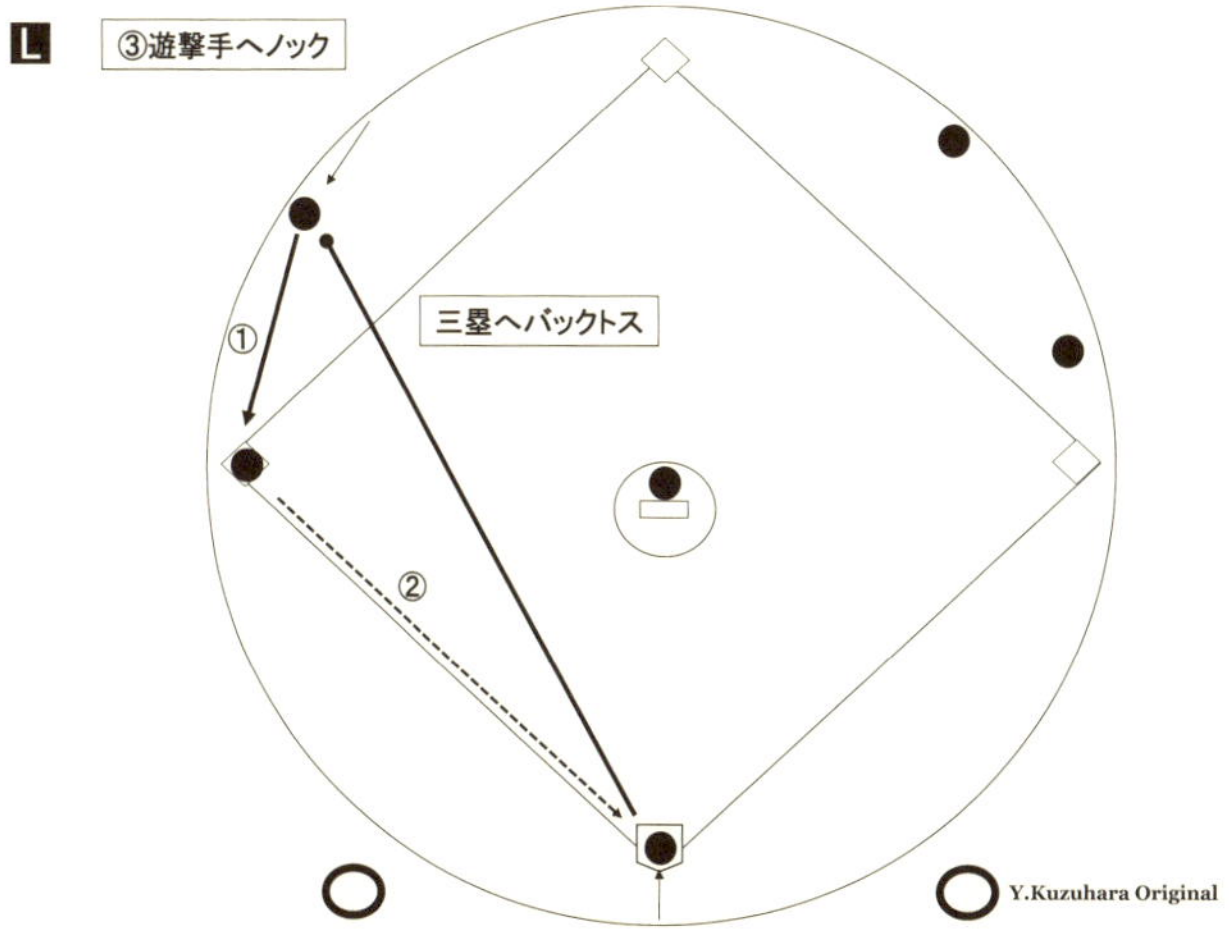

M

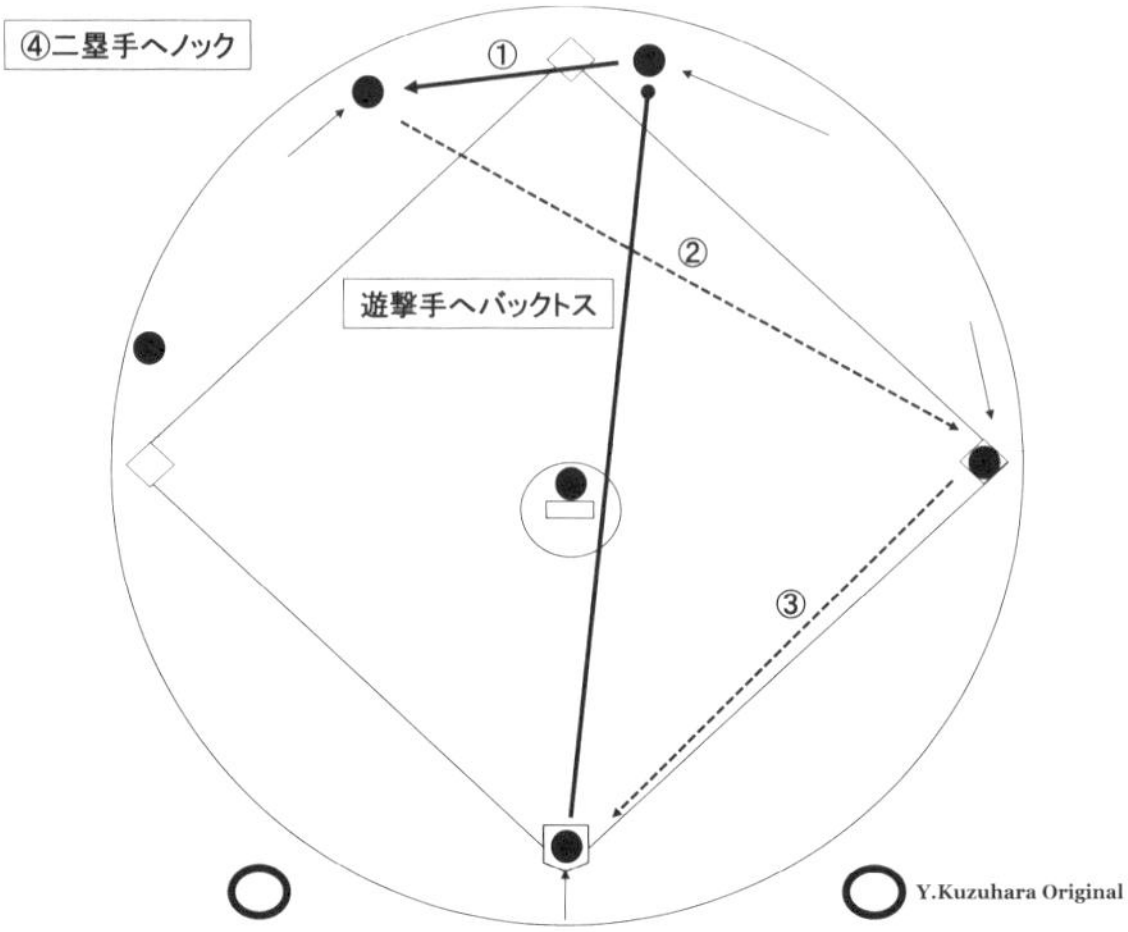

④二塁手へノック
①
②
遊撃手へバックトス
③
Y.Kuzuhara Original

N

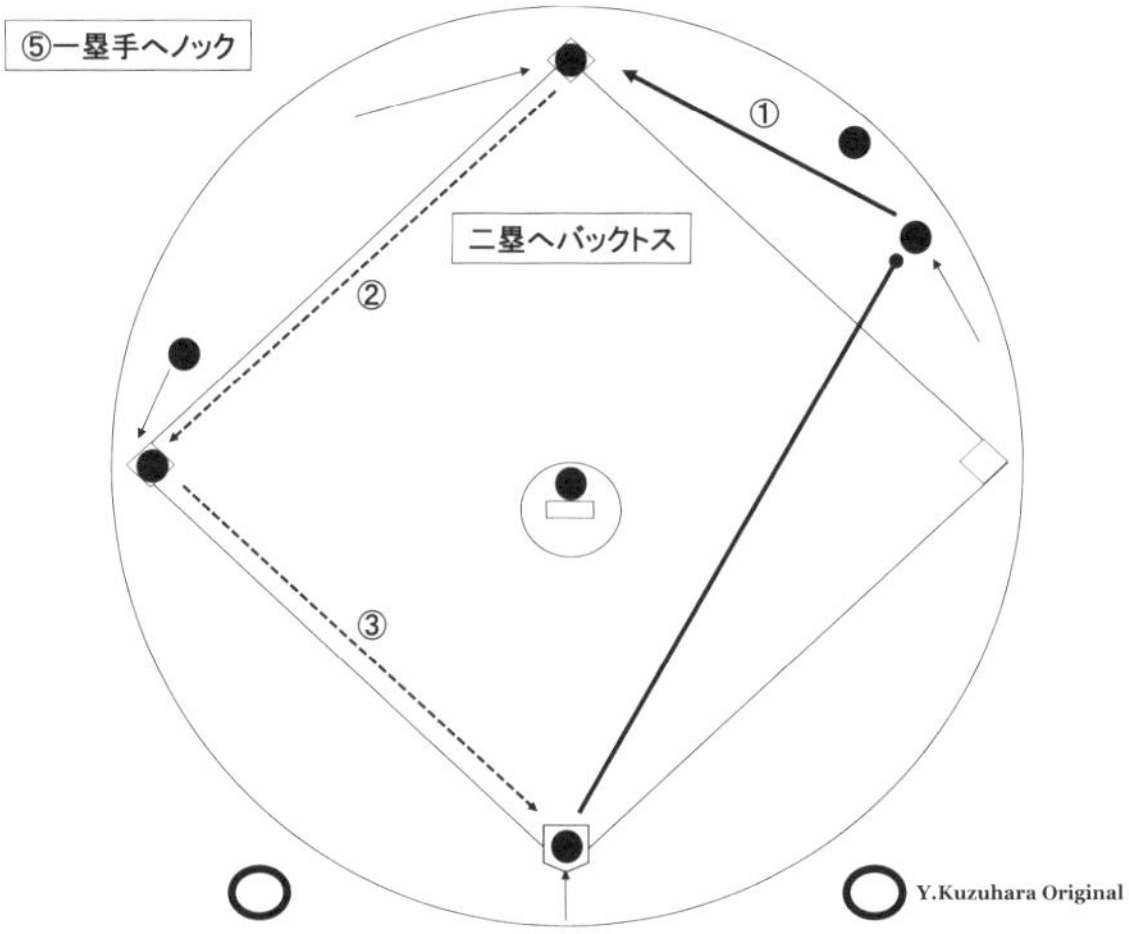

⑤一塁手へノック
①
二塁へバックトス
②
③
Y.Kuzuhara Original

O ⑥右投手へノック

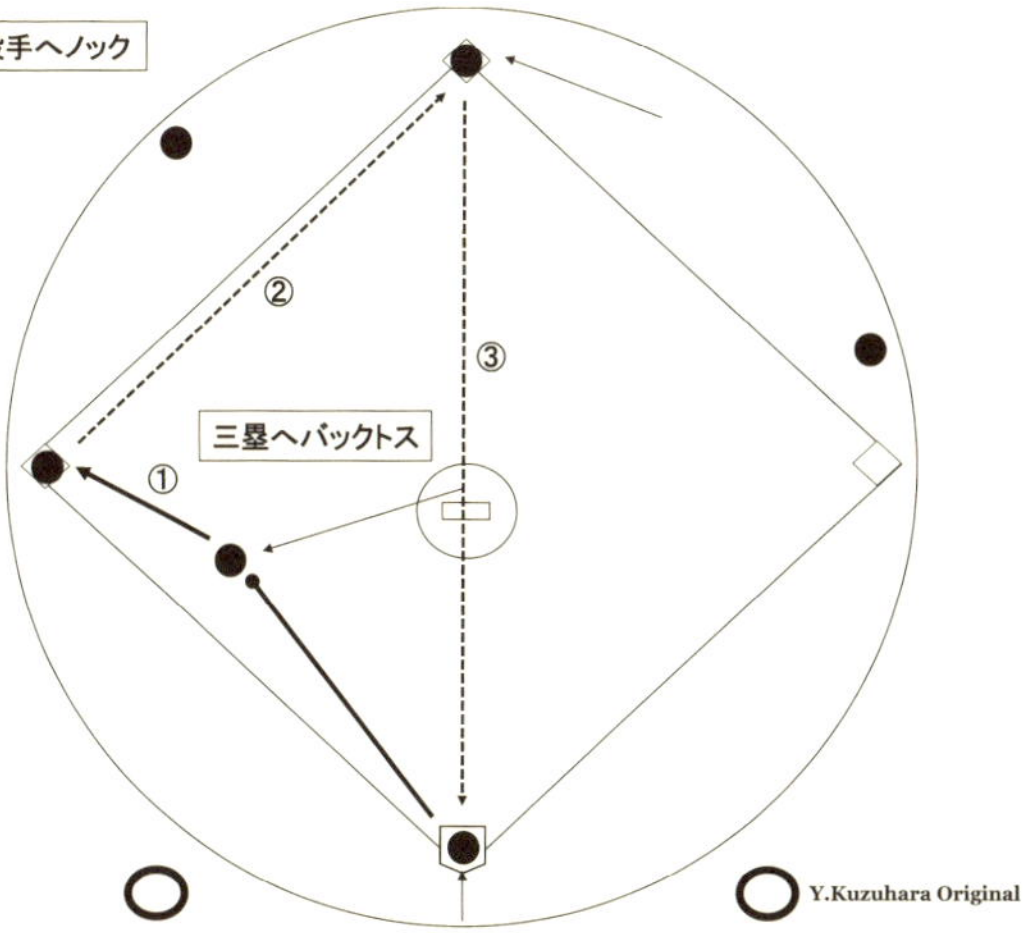

P ⑥左投手へノック

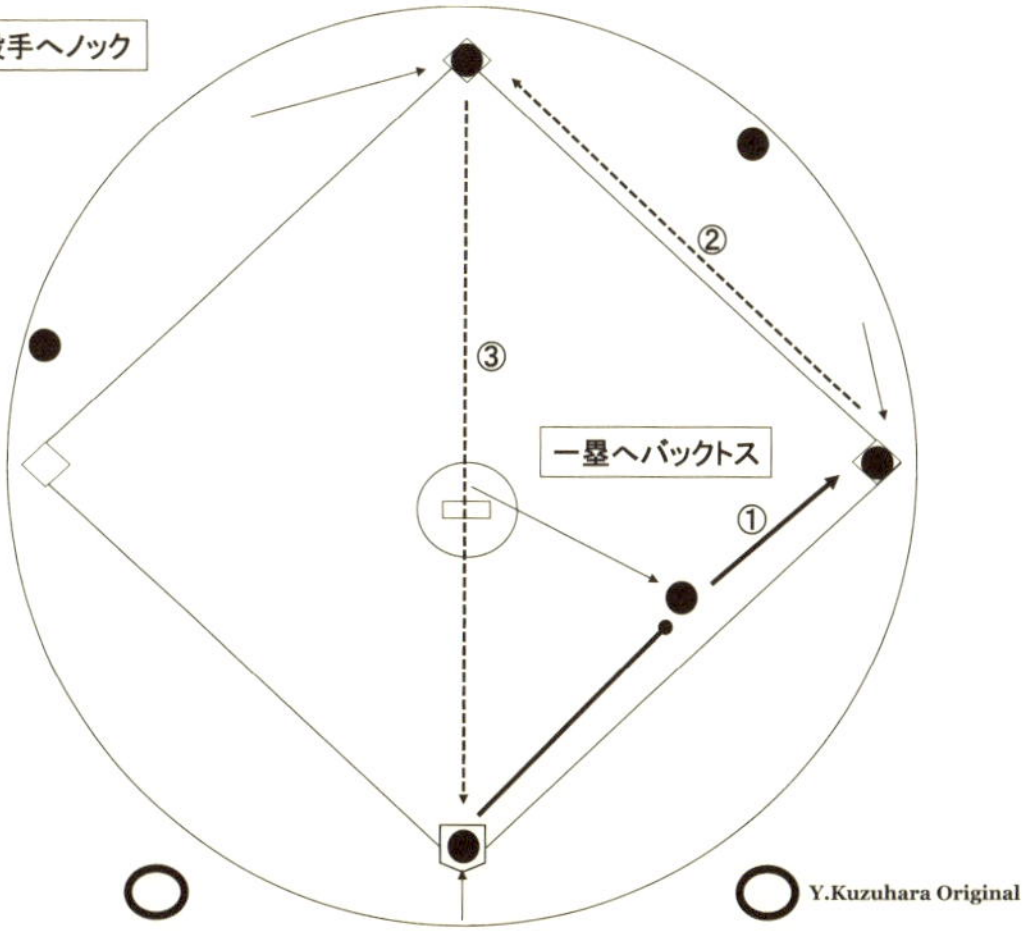

かではありますよね。ランナーなしで二塁ベース寄りに飛んだ打球をセカンドが捕って、ショートへバックトスしてショートが一塁に送球するというプレー。あの練習にもなりますから」

一塁手の場合は一、二塁間のゴロを捕球して二塁ベースへバックトス（図版N）。最後に投手は左右別に分ける。右投手の場合は三塁線のゴロを捕球して三塁にバックトス（図版O）、左投手の場合は一塁線のゴロを捕球して一塁にバックトスをする（図版P）。これでどのポジションもバックトスの練習ができるということになる。

「ただバックトスの練習をしているだけで、変化がなかったり、動きがなかったりするとうまくならないんです。だから、ちょっと大きな動きをさせてうまくさせるのが狙いです」

◉シミュレーションボール回し（図版Q・R・S）

「各ポジションに4人いても、10分もやれば、汗びっしょり、バテバテになります。寒い冬にもってこいの練習です。注意点は本当の試合を想定してやること。例えばサードが二塁に投げるときは、ゲッツー態勢にいるセカンドが二塁ベースに入ってダブルプレーのベースタッチをして投げる。これが、なあなあになると二塁ベースに近いところからやるようになります。ベースタッチもバリエーションがあるのに、1種類しかやらなくなってしまうんですね。

偽投にしても、いいかげんになってきます。最初に説明して始めたときはいいんですけど、先輩から受け継がれていくとどんどんなあなあになっていく。だからちゃんと一つひとつの動きの意図を理解して、面倒くさがらずにやらないとダメだと思います」

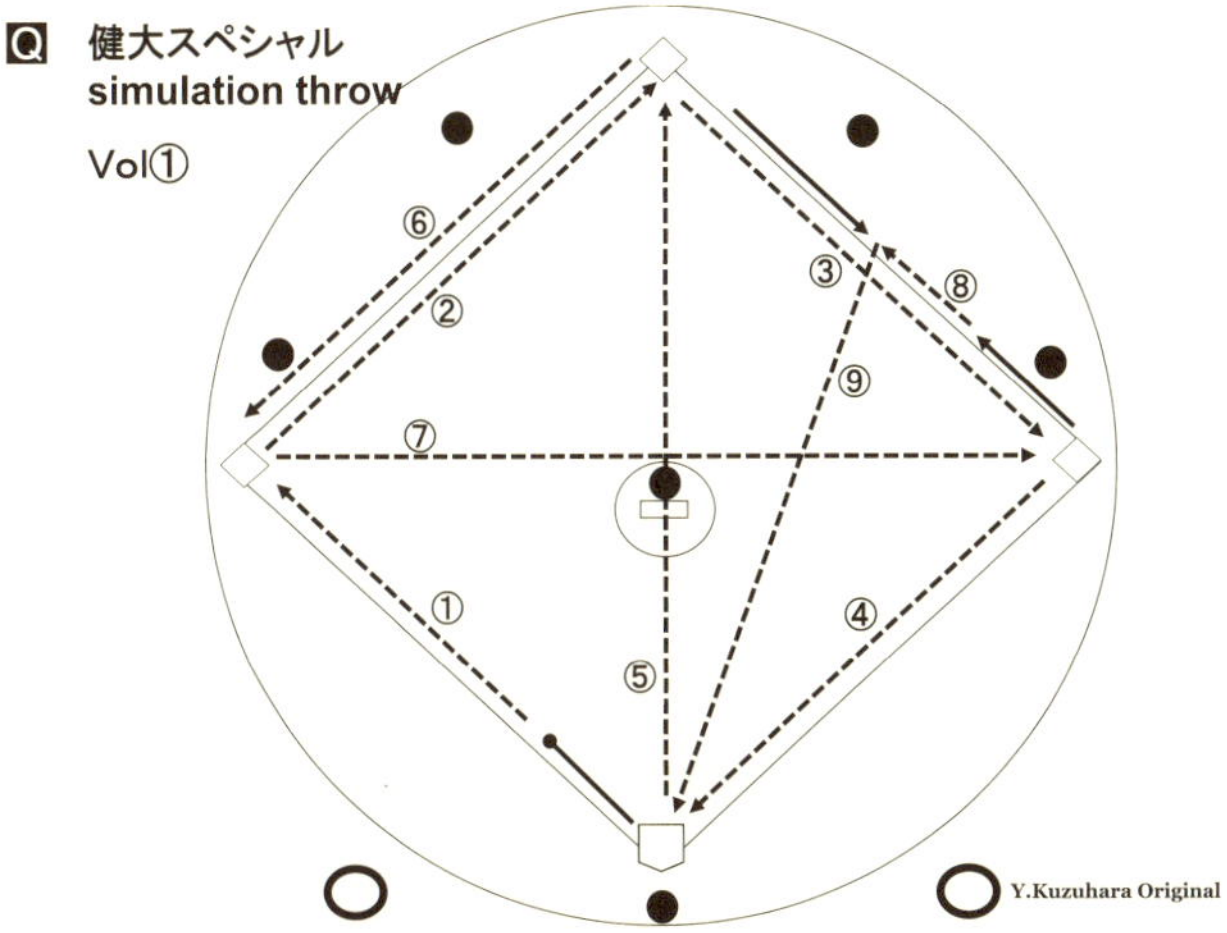

R 健大スペシャル
simulation throw
Vol②

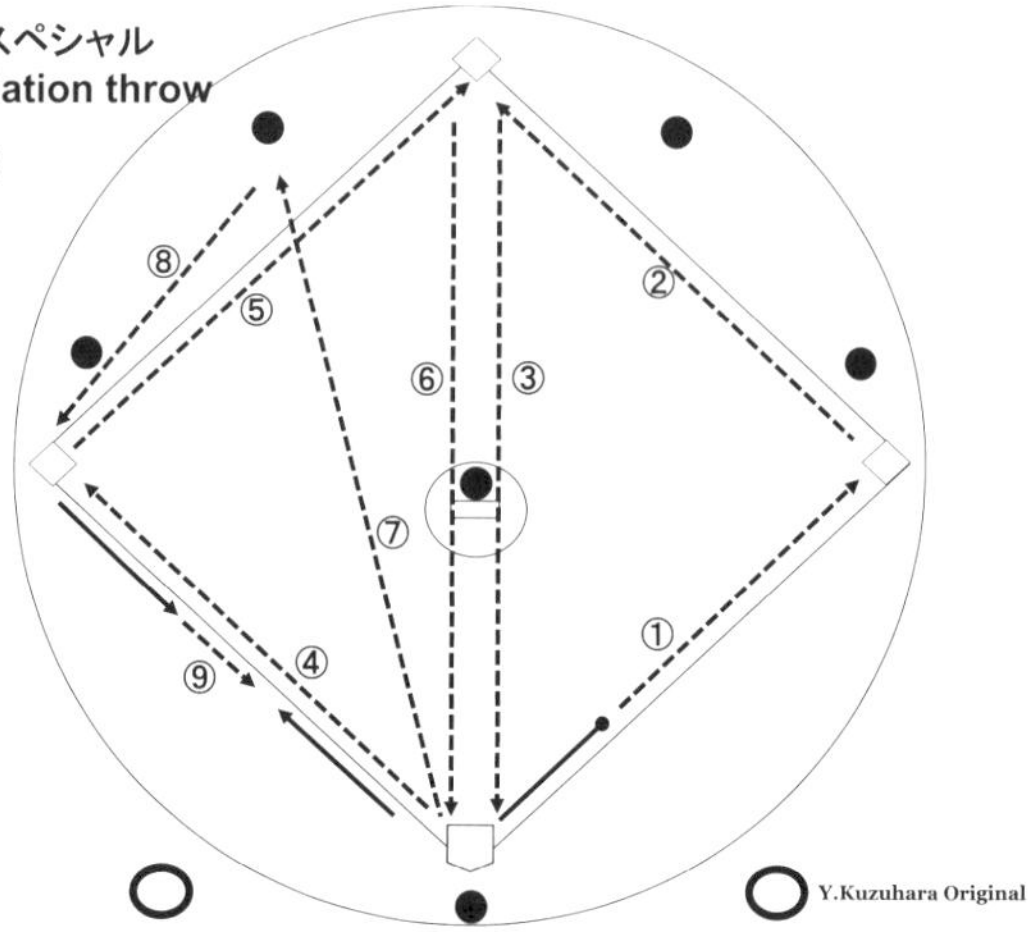

S 健大スペシャル
simulation throw
Vol③

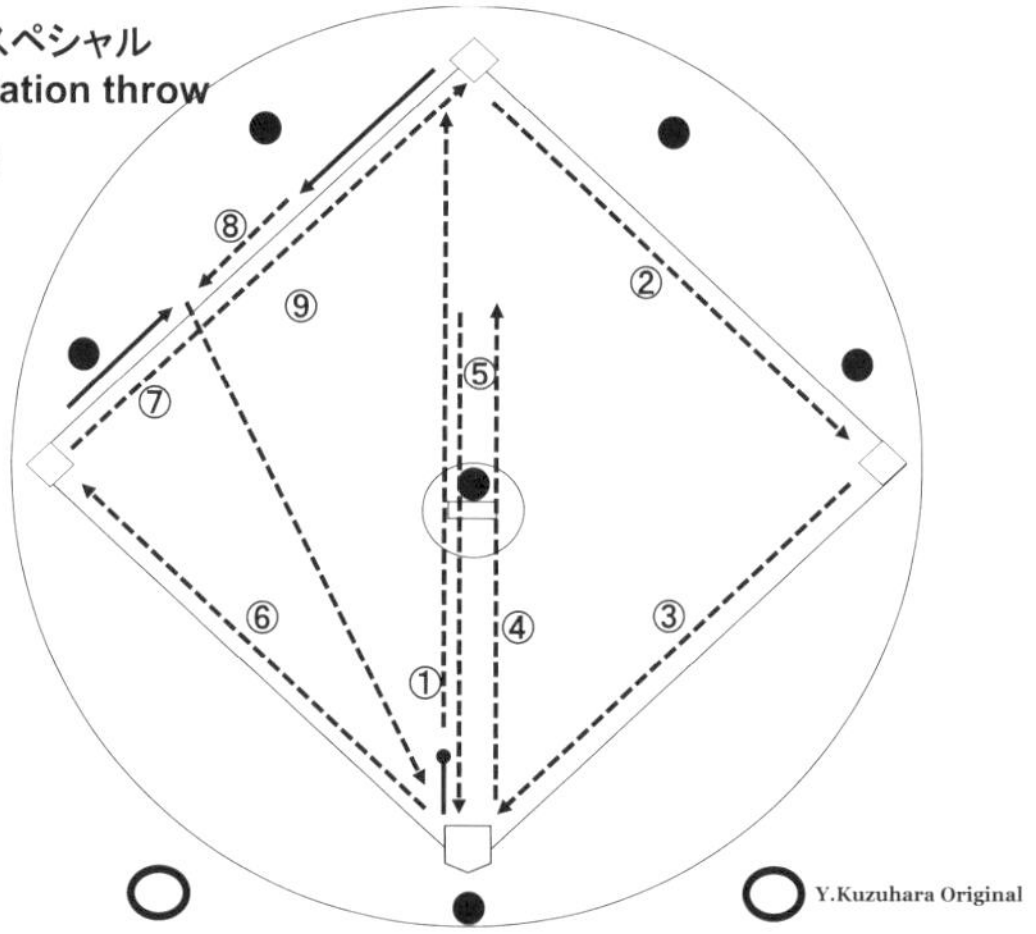

◉ランダウンボール回し
（図版T・U・V）

「挟殺プレーの練習はたまにしかやらないんですよね。冬なんかだと、やっていても寒い。ミスをするといちいち解説をしたり、タイムをかけて説明したりしてやる回数が少ない。一番効率的じゃない練習なんですよ。それを少しでも効率的にしたいし、多くやりたい。ボール回しでやると5分で終わります。ひとつのセクションで終わりにしないで、セクション3までつなげてやれば、切れ間なくやれる。選手を代えながら、エンドレスでやることもできます。挟殺での捕り方、

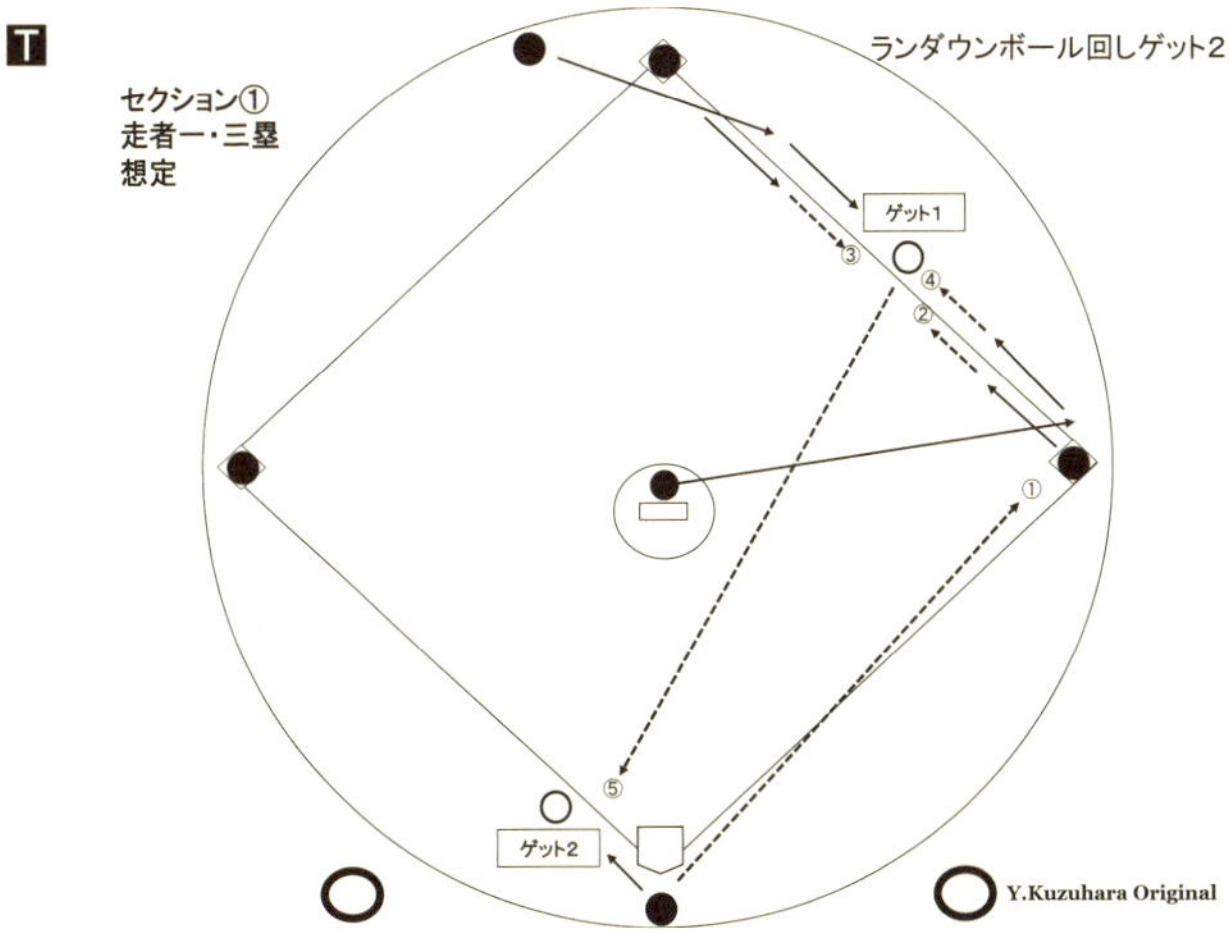

U

セクション②
走者一・二塁想定

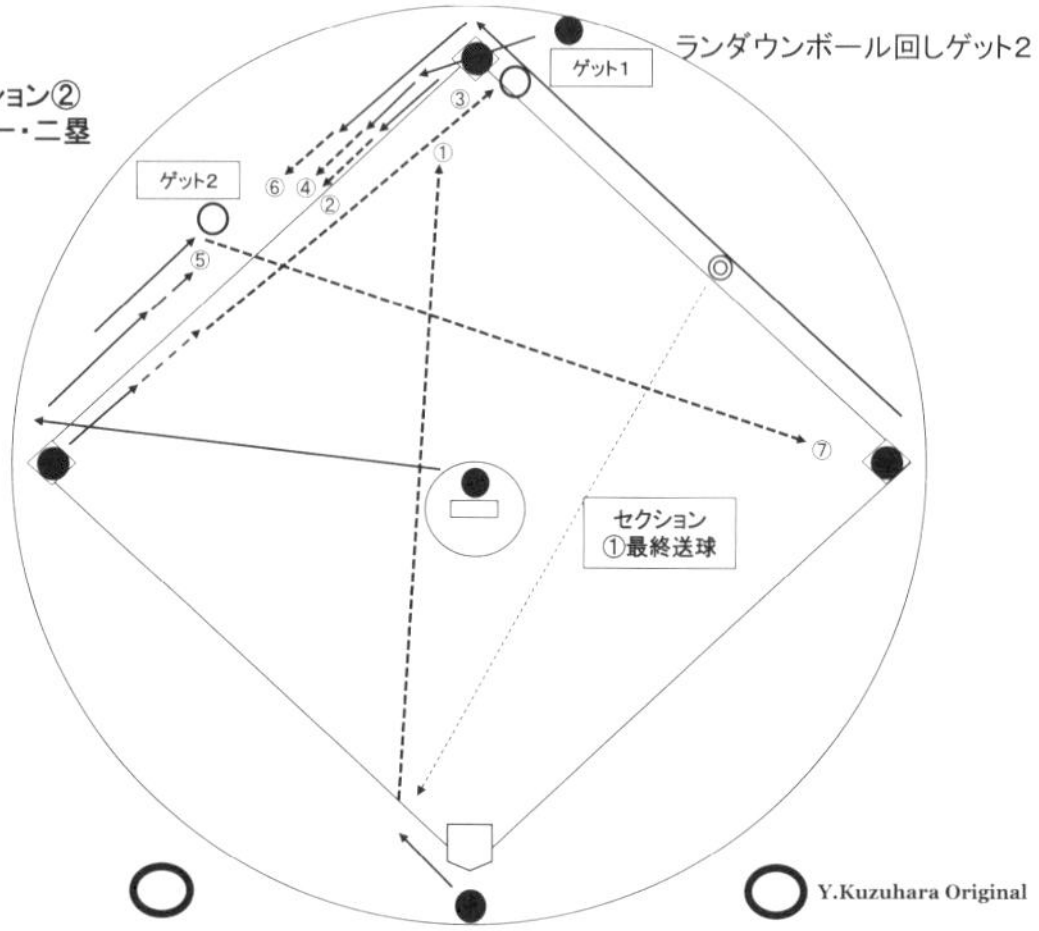

V

セクション③
走者満塁想定

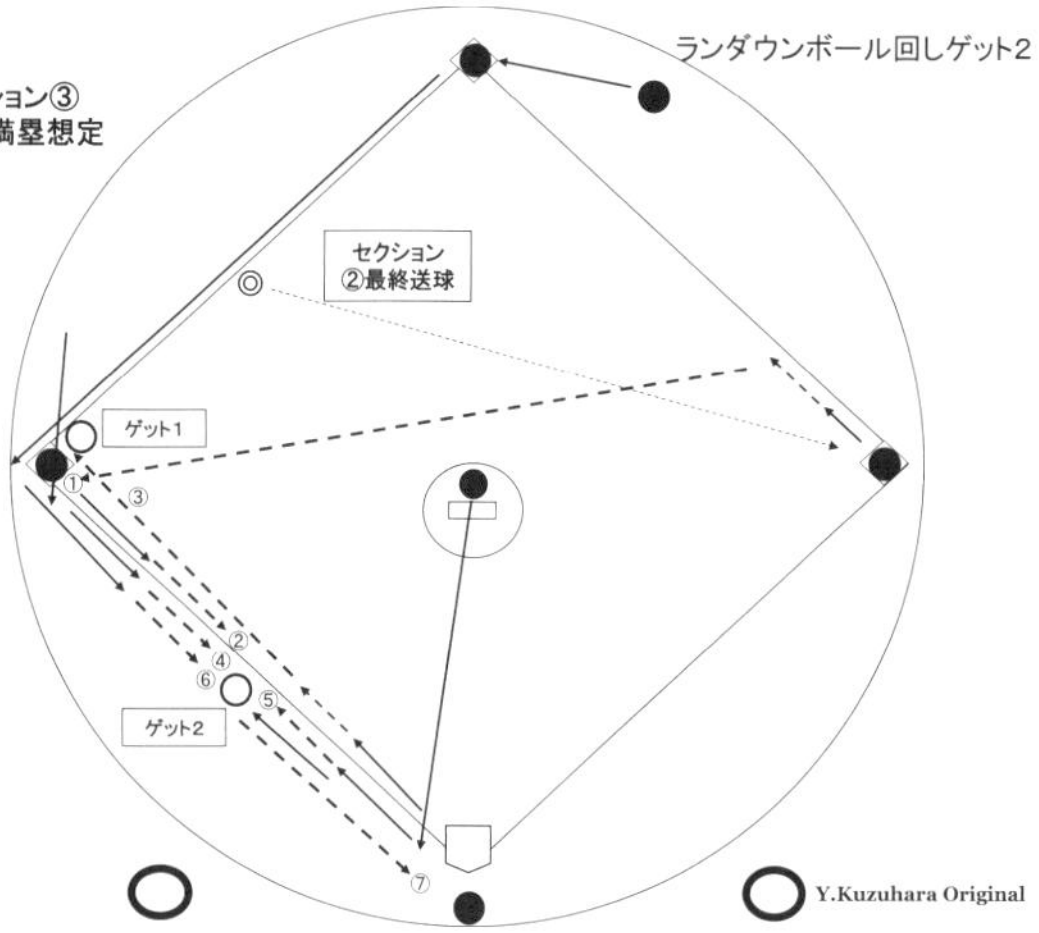

投げ方も練習できるし、ボール回しの中には（ダブルプレーを取る）二人殺しも入っている。これを練習に入れれば、挟殺の動きが染みつく。普段から繰り返しやれば本当にうまくなると思います」

◉一塁走者の二塁ベースからのタッチアップ

状況　無死、1死一塁
条件　外野への大きなフライ

外野フライが飛んだとき、走者はハーフウェイをとる。これもまた形骸化しており、外野フライが飛んだ場所や距離が変わっても、たいていの走者は常にほぼ同じ場所でハーフウェイをしている。だが、これは非常にもったいない。大きなフライで外野手からの距離が遠ければ遠いほど、送球の時間がかかるため、ハーフウェイをとる場所を遠くできるのだ。

「これは練習法のひとつなんですが、一塁ランナーを二塁ベースに立たせておくんですよ。それで、ノッカーがセンター後方の大きなフライを打つ。センターが捕ったら、二塁ベースから一塁へ逆にタッチアップをするんです（図版W）

フライの飛んだ位置を見て、二塁ベースからでも戻れるのか、二塁ベースの5メートル手前からなら戻れるのかなどを判断する。

野球をやっていれば、三塁からホームへのタッチアップの感覚は身についている。その感覚を利用するのだ。逆からのタッチアップ練習をすることで、ハーフウェイで行ける最大の距離がわかる。

「一塁からハーフウェイのランナーと、二塁から逆タッチアップのランナーを同時に置いて確認すると、二人のランナーが出ている距離が5メートルは違うことがわかります。二塁からの逆タッチアップで戻れる距離なのにもかかわらず、一塁からハーフウェイで出ているランナーは、二塁ベースの4～5メートル手前ま

W

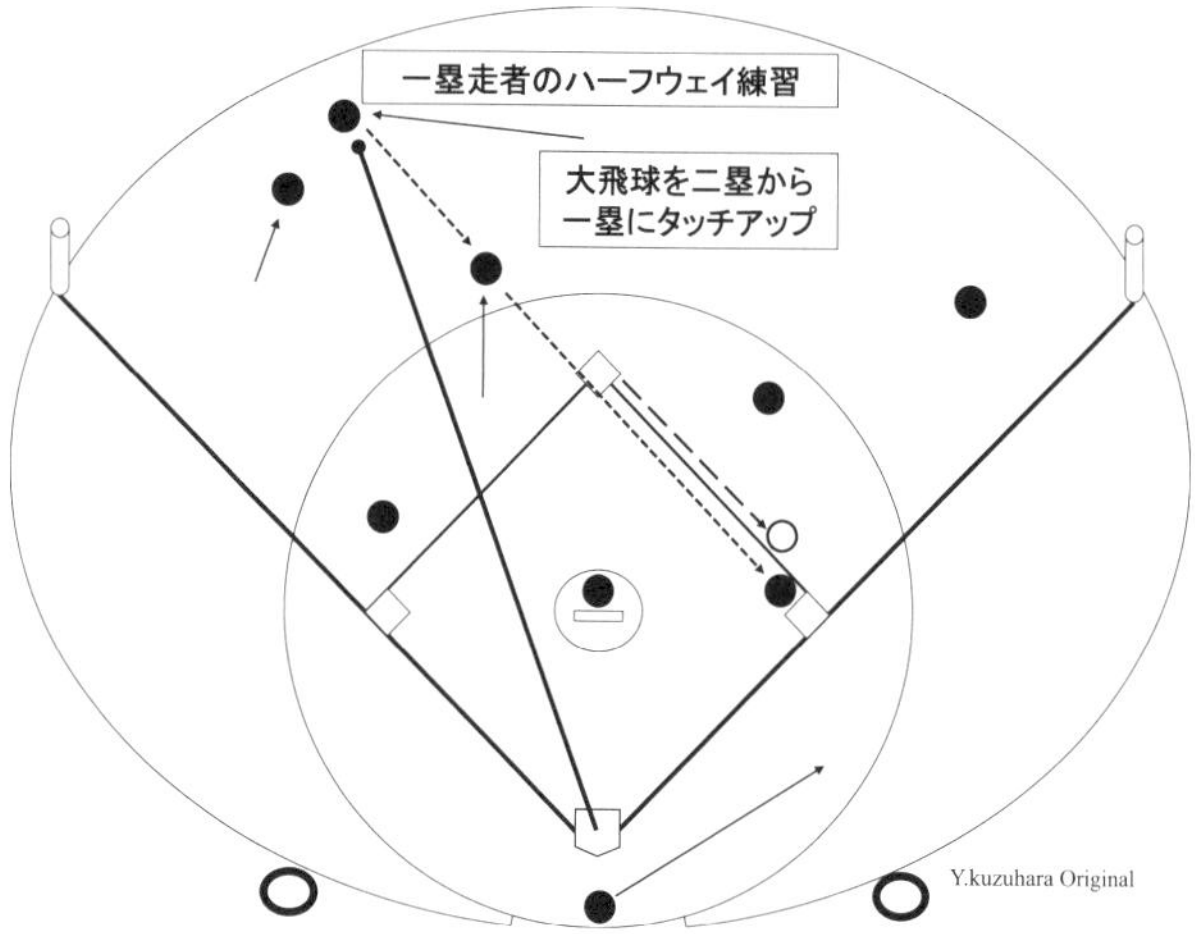

でしか行けないものなんですよ。それぐらい一塁から判断するは難しい。だからこの練習を繰り返すことによって、自分の感覚にない、もうひとつプラスアルファの距離がわかります」

ハーフウェイで出られる距離が広がれば、落球時にふたつ先の塁まで進塁できる可能性が高まる。繰り返し練習して、感覚と距離感を身につけておきたい。

おわりに──葛原美峰

◉機動破壊という戦略

「機動破壊」という言葉が2012年のセンバツでデビューしてから5年。少しずつではあるが、ようやく「機動破壊」＝「盗塁」ではないということが認識されつつある。

盗塁は、アウトとセーフの明確な結果を導き出す直接的な「戦法」であるのに対して、機動破壊とはあくまでも「戦略」である。

戦略とは目に見えない準備や展開であり、痛みを伴い、犠牲となる分野を作り、トータル勝負での勝利を目論むものである。

野球には勝敗を決定するような局面が必ずある。

勝負どころの「決定打」とか、「失投」等がその典型的な例であり、そこの部分だけがクローズアップされる。

打たれた投手や指導者、マスメディアは「1球の失投」だけに敗因の全責任を擦り付ける。まさに「木を見て森を見ず」の表現がぴったりと当てはまる。

私は、決定的な部分だけがすべてではないと常々考えている。そこに至るまでのプロセスこそが、私が探求している機動破壊なのである。

私の立場から見る野球では、「打った」「打たない」の誰が見ても明白な答えの「結果」にはあまり興味がない。そう言ってしまうのは言いすぎだろうか？

決定打が打てたという結果よりも、どうして決定打が打てたのか？ なぜピッチャーは打たれることになる「1球」を投じてしまったのか？

決定打を生むまでのプロセスの中には、例えば以下のようなことがある。

どれだけ偽装スタートを切ってバッテリーを揺さぶったか？ どれだけ決め球をファウルにして投球数を増やしたか？

どれだけボックスの立ち位置でウイニングショットを殺したか？ どれだけ「見逃し」ではなく「見送り」の三振ができたか？

それらは華やかな記録としては残らない。どのように勝負に影響したかも不透明な部分であり、直接的な勝敗の評価にはつながらない。

「1球の失投」には、実はコースや球威以外に、まったく別の部分に大きな課題があったのかもしれない。

機動破壊の真意の話に戻れば、どれだけ盗塁を成功させようが、相手ディフェンスが崩壊するまで追い込めなかったら、機動破壊は功を奏さなかったこととなる。

逆に盗塁の企画がゼロだろうが、盗塁アウトやけん制死が複数回あろうが、それら「犠牲」の部分が相手バッテリーやディフェンスを破綻させ、結果的に勝利を手中にすれば戦略としての機動破壊は成功なのである。

◉健大「ブレーン」に感謝

私が戦略を構築するための対策レポート作成の手順とは?

現場では、ストップウォッチを左手に裏返して持ち、手作りのスコアブックにゲームを記入しながら、個々の選手の特徴を頭に刻み込む。

オリジナルのスコアブックには、一塁までの到達タイム・打者の構え方・ボックスの立ち位置・グリップの状態・スタンスの状態・ステップの状態・スイングの角度・バットの出方・球種・投法と特徴・球審の傾向・球場のキャパ等の項目がある。

そのスコアブックを元に、パソコンで対策レポートを作るわけだが、常に5時間程度を要し、特に相手が好投手となると、投手の分析だけで同等の時間を費やす。最後に一番重要な「戦略」の構築となり、健大選手の投打の能力と状態、そして相手チームの戦力とを投影させながら、シミュレーションで試行錯誤を繰り返す。

試合直前、グラウンドでの選手のコンディションを最終チェックし、微調整があれば監督に告げて現場に対策を委ねることとなる。

大切なことは、選手にできることとできないことを見極め、振り分けての戦略を立て、どうしても勝つためにやらねばならないことは、監督を通じて事前に現場に依頼することになる。

監督の寛容さと、現場コーチ陣の育成力を100％信じての連携である。それらの「ブレーン」の力がなければ、私の戦略は「机上の空論」「絵に描いた餅」となり、敗れた瞬間にA4用紙の行き先はゴミ箱の中となる。

健大高崎は、青柳博文監督と以下に示すブレーンで構成されている。

私は感謝の意味も込めて、青柳監督を支えるこの10人のブレーンを、勝手に「健大十勇士」と呼んでいる。

監督　青柳博文　教諭（GM）
①コーチ　生方啓介　教諭（責任教師／Aチーム補佐）
②コーチ　葛原毅　教諭（Aチーム補佐／B戦監督）
③コーチ　沼田雄輝　専任コーチ（Bチーム補佐／C戦監督）
④コーチ　岡部雄一　大学事務職員（チーフマネージャー）
⑤コーチ　田島成久　外部コーチ（県内渉外／総務）
⑥コーチ　木村亨　外部コーチ（捕手担当／C戦補佐）
⑦コーチ　池田善吾　外部コーチ（スキルアドバイザー）
⑧トレーナー　塚原謙太郎　フィジカルパフォーマンス代表（基礎力）
⑨トレーナー　竹部董　竹部董モダンバレエ研究所代表（調整力）
⑩トレーナー　西亮介　理学療法士（東前橋整形外科）

今回、私はこの場を借りて、現場を取り仕切る10人のコーチ陣（健大十勇士）に、心からの感謝の気持ちを伝えたいと思う。

①「生方啓介」コーチ

現場では特にバッティングの分野を任されている。彼のすごいところは、屈辱をバネにして意地で答えを出してくるところにある。ひとつの課題を最後までやり切るところに、「職人」のようなプライドを感じさせる。人を寄せつけないオーラを醸し出しながら、一本一本魂を込めてノックをする。言葉は発しなくとも、目が何を言わんとするかを物語っている。

②「葛原毅」コーチ

現場では主に走塁を担当する。「機動破壊」を掲げる我がチームに対して、ほとんどのチームが走塁対策を練ってくる。特に盗塁に関しては、以前とは比較にならない警戒網の中を掻い潜ることになる。今後はさらに難しい手綱捌きを担うこととなるだろうが、将来は強力な攻撃力に隠れて機動力が目立たないチームで伝説を作りたいと、自分の領域を誇示しない考え方が好感を持てる。

③「沼田雄輝」コーチ

日常の練習全般にかかわるが、特に新人の育成に関与するB戦とC戦で指揮を執る。温厚で人当たりがよく、誰からも愛される人柄は癒しそのもの。

④「岡部雄一」コーチ

チーフマネージャーとしてテキパキと仕事をこなし、青柳監督から全幅の信頼を受けている。理系頭脳のマルチメディアで、録画編集で何度も助けてもらっている。

⑤「田島成久」コーチ

あらゆる方面の人脈を駆使して、多岐多様な仕事に対応できる頼れる助っ人。県内の渉外も担当し、阪神にドラフト指名された長坂拳弥を発掘。

⑥「木村亨」コーチ

帝京高校時代に芝草宇宙投手とバッテリーを組んだ。「高校時代に年間の試合を通して、捕逸をしたのは二度だけ」の言葉に惚れ込み、監督に捕手コーチを進言。

⑦「池田善吾」アドバイザー

三菱自動車川崎で投手。ドラフト指名を蹴って同社の監督として指揮を執った。スキルを語ったら右に出る者はいないプロフェッショナルなアドバイザー。

⑧「塚原謙太郎」トレーナー

明るく厳しい指導で誰からも愛される鬼のトレーナー。社会人野球の名門、日本生命で投手として活躍するも、自慢話は一切しないプロの仕事人。

⑨「竹部董」トレーナー

テレビの出現時から長く芸能界での仕事をこなしてきた。歌って踊れるスターの元祖を作った振付師。ダンスの基礎をロックのリズムに乗せて、野球に応用したユニークなトレーニングを導入。

⑩「西亮介」トレーナー

動作解析でのフォームチェックが得意。体の使い方や体幹ケアについて現場に出向き、選手一人ひとりが納得するまで根気よく説明する。

※「青柳博文」監督

これだけのスタッフを適材適所に配し、それぞれの場所で痛烈な個性を発揮させる。各々に達成感を与えることで責任を持たせるのではなく、責任感を抱かせる手腕は見事。

一昨年（2015）夏の群馬県大会決勝戦。優勝を決めた直後のインタビューの第一声にて、自分のことは一切語らず、3名のコーチの名前を列挙して感謝の気持ちを県民に伝えた。

それを聞いたとき、青柳監督を支えてきて良かったと素直に感じた。そして、この監督を必ずや日本一の監督にすると強く心に誓ったものである。

◉群雄割拠の群馬

「妬みは敵」。私が常に心掛けていることである。妬みとは全否定であり、相手の良い面には一切目を向けることなく、そこからは何の進歩も生まれない。

私は断じて他校に抗っているわけではない。どんなチームにも学ぶべき点は必ずあるもので、謙虚に冷静にそのチームを評価することが何よりも大切だと考えている。

群馬県内を俯瞰して見れば、選手の能力を如何なく発揮させる前橋育英に伊勢崎清明。いぶし銀のような玄人受けする選手を育てる桐生第一。

戦略的に布石を打ってくる高崎商業、前橋商業。野武士のような気魄の野球を継承する前橋工業、樹徳。または、根拠のある戦術を醸し出す前橋と高崎。

そして、老練な野球で一歩ずつ確実に階段を昇ってくる利根商業。新進気鋭の投手力と機動力の桐生南の野球には肝を冷やされた。

これら独自のカラーを紡ぎ出すチーム関係者には、心より敬意の念を抱く。ある意味ではファンでもあり、許されるものならば胸襟を開き、時を忘れて語り合いたい欲望にかられることもある。

◉私はなぜ「機動破壊・第2弾」を手掛けたのか？

私は16年7月に還暦を迎えた。高校野球に携わって40年近くとなり、そろそろ人生の逆算をしなければならない年齢にさしかかった。

前回もそうであったが「なぜ、そこまで書くのか？」「手の内を教えて何の得があるのか？」。そんな叱責を幾度となく聞いた。

だが裏腹に、熱心な指導者たちがひっきりなしにノート持参で健大グラウンドに訪れる。それは高校野球関係者だけに留まらず、少年野球や中学、大学野球の関係者にまで及んだ。

中には健大が毎年恒例としている、年末の沖縄キャンプにまで帯同を申し出て見学する指導者もいる。

セミナーの依頼も急激に多くなったときに思った。もうそんなに長く野球に携わるわけではないし、頭の中にある知識を墓場まで持っていってもしょうがない。そこで私が出した答えは、「残していく」だった。

「機動破壊」の好き嫌いに関係なく、誰でもいつでも手に取って読んでもらえればいいし、研究されても一向に構わないと考えている。なぜならば、「知っている」と「できる」は全く別次元の話だからである。

仮に戦法・戦術・戦略の引き出しが百あると仮定した場合に、緊迫した試合中に瞬時の判断で、百の引き出しの中から最良なアイテムが入っている引き出しを引けるかどうかは別問題である。

レシピはあっても、現場での微妙な火加減やサジ加減による味付け次第では、出来上がりは似て非なるものになることもある。

できれば興味が涌いた若い指導者たちにレシピを提供したい。さらに調理人となって自分流の味にアレンジしてもらい、「残していく」から、オリジナルとなって「つなげていく」に変わっていけば本望である。

最後に、私の野球人生の総決算ともいえる本書を、前回同様に個性あふれる表現で揮毫してくれたスポーツライターの田尻賢誉氏。

私の野球に興味を持って真剣に耳を傾けてくれ、刊行実現までの編集・構成を手掛けていただいた竹書房の鈴木誠編集長に心より感謝を申し上げます。
そして、私の野球のために40年近くも陰で支え続けてくれた妻に本書を捧げます。

機動破壊の秘策

2017年3月16日　初版第一刷発行

著者／田尻賢誉

発行人／後藤明信
発行所／株式会社竹書房
〒102-0072　東京都千代田区飯田橋2-7-3
☎03-3264-1576（代表）　☎03-3234-6208（編集）
URL　http://www.takeshobo.co.jp

印刷所／共同印刷株式会社

カバー・本文デザイン／轡田昭彦＋坪井朋子
取材協力・図版作成／葛原美峰
特別協力／青栁博文（健大高崎硬式野球部監督）
撮影協力／葛原毅（健大高崎硬式野球部コーチ）
協力／健大高崎硬式野球部
写真／アフロ・北村泰弘

編集人／鈴木誠

Printed in Japan 2017

ISBN978-4-8019-1021-8 C0076